本书为全国教育科学规划 国家青年项目“新中国小学科学（自然）教科书中的‘人－自然’观发展研究”（CHA160212）的最终成果

小学科学教育新视野丛书

从冲突到融合

新中国小学科学教科书中人与自然关系发展研究

From Conflict to Integration

A Study on the Development of Human-nature Relationship in Elementary Science Textbooks of New China

郭桂周　易娜伊　著

江苏大学出版社
JIANGSU UNIVERSITY PRESS
镇　江

图书在版编目（CIP）数据

从冲突到融合：新中国小学科学教科书中人与自然关系发展研究 / 郭桂周，易娜伊著. -- 镇江 ：江苏大学出版社，2021.12
ISBN 978-7-5684-1759-4

Ⅰ. ①从… Ⅱ. ①郭… ②易… Ⅲ. ①科学知识–教材–研究–小学 Ⅳ. ①G623.62

中国版本图书馆 CIP 数据核字（2021）第 269614 号

从冲突到融合——新中国小学科学教科书中人与自然关系发展研究
Cong Chongtu Dao Ronghe——
Xin Zhongguo Xiaoxue Kexue Jiaokeshu Zhong Ren Yu Ziran Guanxi Fazhan Yanjiu

著　　者/郭桂周　易娜伊
责任编辑/夏　冰
出版发行/江苏大学出版社
地　　址/江苏省镇江市梦溪园巷 30 号（邮编：212003）
电　　话/0511-84446464（传真）
网　　址/http：//press.ujs.edu.cn
排　　版/镇江文苑制版印刷有限责任公司
印　　刷/江苏凤凰数码印务有限公司
开　　本/718 mm×1 000 mm　1/16
印　　张/12.5
字　　数/220 千字
版　　次/2021 年 12 月第 1 版
印　　次/2021 年 12 月第 1 次印刷
书　　号/ISBN 978-7-5684-1759-4
定　　价/55.00 元

目录

第一章

绪论

第一节　研究的背景

一、近代工业文明的大发展导致严重的环境问题

自古以来，人产生于自然，又依赖于自然。在原始社会，由于生产力水平低下，人类严重依赖自然才能够生存，打猎、采摘野果等是原始人类基本的生存方式。这一时期，人类学会了人工取火、制造简单工具来生存和更好地抵御危机，“此时的人类主要依靠自己的肌肉力量来与环境抗争”，人类在大自然面前是渺小的，人类对自然环境的影响极小，没有对自然产生破坏，对自然的认识也很有限。这一时期的人与自然的关系是和谐的，人类没有能力对自然造成破坏。到了农业社会，人类直接以自然界为对象进行生产活动，如栽培植物、驯化野生动物等，逐渐摆脱大自然的束缚，成为掌握自己命运的生产者。但是，需要看到的是，农业文明时期，人类进行的生产也主要是“生物型”生产，是利用和改造动植物的特性。这个时候人类对自然的依赖依然很大，农业生产在一定程度上是“看天吃饭”。所以，这一时期人类对自然环境的影响不大，人与自然的关系总体上是和谐的。人类在很长的时间里，不存在环境问题，也没有必要进行环境教育。

但是，以蒸汽机的发明为标志，人类进入了工业文明社会。一方面，工业文明的进步意味着人类利用自然、征服自然的能力大幅度提升，人类已经不仅仅局限于利用双手与自然抗争，可以利用大机器去开发、征服和利用自然。另一方面，现代西方工业文明建立于人的主体性的张扬和机械论哲学的基础上。现代机械论哲学将自然看作一个没有生命但是有其自身规律的大机器，在主客二分的认识体系中，自然是被认识、探索和征服的客体。现代主体性包括“以自我为中心的占有性个体主义，以统治自然为目标的人类中心论；不包括交互主体的单独主体性”。这种现代主体性，导致了人与自然关系的紧张。

全球现代化进程的推进，同时也是全球环境恶化的过程。两次世界大战期间，环境问题并不突出。二战后，随着各个国家迅速回到战后重建的轨道上来，工业大生产迅速发展，对自然的征服、掠夺日益严重，环境问题日益突出，不过由于人类沉醉于工业所创造的财富及丰盈的物质生活之中，环境问题并没有受到应有的关注。但是，随着

科学技术的迅速发展，科技所引发的深层次环境问题逐渐暴露出来。1962 年蕾切尔·卡逊出版了《寂静的春天》一书，环境问题开始受到国际社会的广泛关注。实际上之前环境问题并非不存在，只是没有进入人们的视野中。

二、国际环境教育的深入发展

随着环境问题的日益严重，如何解决与应对环境问题就成了重要的议题，而通过教育培养具备环境素养与环境问题解决能力的下一代就成为重要的途径，因此环境教育被提上日程。在这样的背景下，国际组织召开了一系列重大环境及环境教育会议，最为重要的是 1972 年的斯德哥尔摩会议、1975 年的贝尔格莱德会议和 1977 年的第比利斯会议。这些会议的召开对环境问题解决及环境教育的推进产生了重要影响。1972 年，在斯德哥尔摩召开的“人类环境会议”，是人类历史上第一届全球环境会议，具有划时代的意义，标志着环境问题已经成为全人类共同关注的议题。会议提出了“人类只有一个地球”的口号，同时提出了“环境教育”的概念，从而使环境教育有了明确的行动纲领。会议通过的《人类环境宣言》指出，为了改善日趋严重的环境问题，教育是不可或缺的。要通过环境教育培养这样的人：他们能够对自己周围的环境在本身可能的范围内进行管理，并在每一步都坚定地采取符合规范的行动。这一时期，人类对环境教育的认识只停留在制定规范，并以规范约束人们的行为，使其符合外在规范这一层次。可以看出，这一时期的环境教育还停留在“头痛医头、脚痛医脚”的阶段，但这毕竟迈出了环境教育坚实的一步①。

1975 年的贝尔格莱德国际环境教育研讨会通过了《贝尔格莱德宪章》，首次提出了更为具体明确的环境教育目标：促进全人类去认识、关心环境及其有关问题，并促使其个人或集体具有解决当前问题和预防新问题的知识、技能、态度、动机和义务。这一时期人们对环境教育的认识已不再是遵守外在的行为规范，而是上升到人的情感、认知领域②。

---

① 崔建霞. 环境教育：由来、内容与目的［J］. 山东大学学报（哲学社会科学版），2007（4）：147-153.

② 崔建霞. 环境教育：由来、内容与目的［J］. 山东大学学报（哲学社会科学版），2007（4）：147-153.

也就是说，环境教育的目标更加内化，从“外化于行”到“内化于心”，更加关注人的内在素养的提升，实际上这是对环境问题与环境教育认识的深化。

1977年，在当时苏联的格鲁吉亚共和国首都第比利斯举行了“政府间环境教育会议”（又称为第比利斯会议），这是历史上第一次国际环境教育会议，会议通过了《第比利斯政府间环境教育会议宣言和建议》。在终身教育的背景下，该文件指出，环境教育应当面向所有年龄段的终身教育，环境教育的基本目的是“要成功地使个人和社会理解源出于生物的、物质的、社会的、经济的和文化的诸方面相互作用的自然环境和人为环境之复杂特性，并使他们获得知识、价值观念、态度和实际技能，以便以一种负责的、有效的方式参与预测和解决环境问题并参与环境质量的管理”①。由此可见，这一时期的环境教育仍然停留在应对环境问题的知识、观念和技能等方面，对产生环境问题的深层次原因尚缺乏足够的认识，环境伦理、人与自然关系问题尚未进入环境教育的视野。而1982年在肯尼亚首都内罗毕召开的内罗毕会议，则更加强调预防环境污染和破坏。1992年的里约热内卢会议则确立了“可持续发展”的理念。由此可见，环境问题的解决与环境教育的主题转变是一个从外在规范到环境态度再到探索新的发展模式的方向转变过程。这一转变的过程实际上暗含着人与自然关系的改变，可持续发展本质上即是对人与自然关系的战略调整。

三、环境伦理学的研究为环境教育转向提供了可能

最近五十年来，环境伦理学、环境哲学和环境社会学等都得到了很大的发展。生态伦理学对传统的人类中心主义进行了批判，并发展出了动物伦理、生命中心伦理、生态中心伦理、大地伦理、深层生态学、生态女性主义等诸多理论与流派。这些理论与流派对环境问题产生的根源、人与自然的关系、环境的价值、生物的道德地位等展开了全面深入的探讨。这些研究为人们认识环境问题产生的原因、实质等提供了很大的帮助，也为环境教育的生态专项研究提供了可能。环境伦理学相关研究指

---

① 田青，等. 环境教育与可持续发展的教育联合国会议文件汇编［M］. 北京：中国环境科学出版社，2011：50.

出，人与自然关系的紧张、人的主体性的过度张扬是造成环境问题的根本原因。而环境社会学则探讨了环境问题背后所蕴藏的社会不平等。这些研究为环境教育的转向提供了理论支撑，即需要从环境教育向生态教育转向，人只有从整个生态出发，从人作为环境的一部分出发，构建公平合理的社会环境，建构合理的人的主体性，才能够最终解决环境问题。而环境教育不仅要使学生们意识到环境问题，培养环境保护的知识与能力，而且要培育适度的人的主体性。

四、从环境教育向生态教育转变

环境教育在20世纪70年代之后得到了迅速发展，一是各个国家从政策层面非常重视环境教育，通过政策制定、社会宣传及学校教育开展广泛的环境教育，公民的环境意识和环境素养都得到了非常大的提升，与保护环境有关的科学技术、产业得到了很大的发展，环境问题得到了一定程度的缓解。但是环境问题并没有得到彻底解决，甚至在某些地区还有愈演愈烈之势。随着环境伦理学、环境哲学等研究的深入，人们发现，环境教育仅仅停留在使人们意识到环境问题的严重性，并号召人们保护与改善环境是远远不够的，必须加强生态意识、环境伦理教育，使人们认识环境问题产生的根源——人与自然关系的失衡。

只有深刻认识环境问题产生的根源及其社会复杂性，才能够从长远、根本上解决环境问题，同时从整体上提升人类的环境素养。有学者指出，生态危机的根本原因在于人类对人与自然关系的错误认识。同时，“环境”是一个人类中心的和二元论的术语，它意味着人类位于中心，所有非人的物质环绕在我们四周，构成我们的环境，而“生态”则意味着相互依存的、整体化的、系统的联系。需要从环境教育向生态教育转变。生态教育的目的是建构人类中心主义的生态伦理观，倡导人与自然和谐相处的生态伦理观①。

五、与环境教育的互动成为国际科学教育发展的重要趋势

通过对国际科学教育发展趋势的分析，笔者曾经指出，与环境教育

---

① 刘伟，张万红．从“环境教育”到“生态教育”的演进［J］．煤炭高等教育，2007（6）：11-13.

的互动是国际科学教育发展的一个趋势[①]。一方面，传统的学科中心的科学课程着眼于培养科学家，而对公民科学素养关注不够，同时既与当代科学研究相隔离，也与日常生活世界相隔离。另一方面，科学课程与教学趋于多样化，并建立与生活世界的联系。在这样的背景下，高夫（A. Gough）指出，科学和环境教育者需要重新思考科学教育和环境教育的关系问题。如果我们想实现持续的发展，科学教育必须在鼓励生态思考中扮演一种重要角色（而不是保持一定距离）。她认为科学教育与环境教育的关系应当是一种同时存在并相互促进发展的互利共生（mutualism）关系[②]。

六、人文社会科学的生态转向和话语转向

自20世纪70年代以来，随着环境与生态问题日益受到关注，人文社会科学领域也实现了生态转向，这里面包括：（1）科技的生态转向，能源与环境问题成为科技领域的重要研究领域，如清洁能源的研究与开发、环境污染防治的技术等；（2）社会学的生态转向，从社会学的角度关注环境与生态问题背后的国别、区域、阶层、城乡与性别等社会不平等问题；（3）语言学的转向，从生态语言学转向生态话语分析，前者关注语言的生态性，后者关注对生态话语展开分析；（4）经济学的生态转向，即注重在保护生态环境的前提下发展经济，注重可持续发展经济，或者称之为绿色经济学。

同时，自福柯以降，人文社会科学实现了话语转向，一方面通过研究学科的话语变迁探讨学科的发展脉络，另一方面通过话语分析探讨话语背后的知识与权力问题，诸如批判话语分析、多元话语分析、生态话语分析等。

第二节　国内外相关研究述评

人与自然的关系问题是一个跨学科的研究主题，环境伦理学、环境

---

① 郭桂周，于海波，孟昭辉．与环境教育的互动：国际科学教育发展的一个新趋势［J］．外国中小学教育，2012（4）：13-18.

② 郭桂周，于海波，孟昭辉．与环境教育的互动：国际科学教育发展的一个新趋势［J］．外国中小学教育，2012（4）：13-18.

哲学、生态语言学、批判动物研究（Critical animal studies）、科学教育、环境教育等领域都对该问题展开了探讨。笔者试图对已有相关研究进行整合，对国内外已有研究展开系统的梳理，以期一方面确定研究的起点，另一方面能够为后续的研究提供必要的智力支持。

一、人与自然关系的本体研究

有学者（蔡守秋，2009）指出，人与自然的关系是指，人与自然之间相互联系、影响和作用的状态。人与人的关系、人与自然的关系是人类社会面临的基本矛盾和永恒主题。整个人类社会的发展史，就是人与人的关系及人与自然的关系的发展史①。而人与自然的关系则是人和社会发展的基础（王伟群，2008）②。人与自然的关系是任何社会都存在的基本矛盾和基本关系，是人类面临的永恒主题③。也就是说，人与自然的关系更基本、更基础。

人与自然关系中的人既包括单个人，也包括集体人和整个人类。人与自然关系中的自然包括：天然的自然因素及人为的自然因素；单个环境因素及不同环境因素的复合体；单纯自然资源及不同自然资源的复合体。人与自然的关系，包括人与环境的关系、人与自然资源的关系、人与不包括人在内的生态系统的关系、人类（社会）与环境（自然界）的关系等各种各样的关系④。

曹孟勤（2010）认为，人与自然是一个整体，主要表现在四个方面：其一，人与自然的整体关系是由人与自然两个方面所构成的，他们虽然对立，但也相互作用，最终达成统一。其二，在人与自然关系这个整体中，人离不开自然，自然离不开人，缺失任何一方，人与自然的整体关系就会随之瓦解。其三，人与自然虽然相互对立而不同，但他们各自本身都包含着对方的本质，即人本身应该且能够包含自然界的本质，自然世界本身应该且能够包含人的本质。其四，人与自然双方处于平等

---

① 蔡守秋．人与自然关系中的伦理与法［M］．长沙：湖南大学出版社，2009：“前言”2.

② 王伟群．人与自然和谐发展观视野下科学课程的审视［J］．课程·教材·教法，2008（4）：71-75.

③ 蔡守秋．人与自然关系中的伦理与法［M］．长沙：湖南大学出版社，2009：1.

④ 蔡守秋．人与自然关系中的伦理与法［M］．长沙：湖南大学出版社，2009：3.

的地位，人与自然关系的整体性应充分体现着公正性[①]。

肖玲（1997）指出：生态危机是人类的生存危机，也是人类的观念危机；是人类的道德危机，也是人类的自然观危机[②]。

曹孟勤（2019）认为，守护自然才是人与自然的本真关系，才是人在自然面前角色的合理定位。所谓守护自然，是指精心呵护自然、维护自然，实现人与自然的生态平衡和协同发展。自然守护者的角色所蕴含的道德责任是看护自然，最高目的是让自然欣欣向荣，最低目的是不让自然受到伤害，不让自然在人为干预下恶化。人与自然存在着相互制约、相互作用的辩证关系，人怎样对待自然，自然也就怎样对待人。人善待自然，自然也就善待人；人守护自然的存在，自然也就守护人的存在；自然为人而存在寓于人为自然而存在之中[③]。

李建珊等（2003）认为自然价值包括四种：物质价值、科学（认识）价值、生态价值和内在价值。自然的物质价值概念强调的是自然的现成资源（也包括能源、劳动力等）对于人类实践所具有的意义。自然的生态价值的实质在于自然生态系统对于人类整体生存和长远发展的意义。自然的内在价值是自然实现人类审美体验的价值形态，作为一种精神价值，它是超现实和超功利的，是人类为了在自然中寻求某种终极关怀而生发出来的价值[④]。

二、环境伦理学视域下的人与自然关系研究

（一）人类中心主义的自然观

环境伦理学领域更多地从自然观的视角关注人与自然的关系问题。学者们从历史发展的视角对自然观进行分类。如有研究将自然观分为朴素唯物主义的自然观、数学自然观、辩证唯物主义自然观和生态自然观[⑤]。有研究将自然观分为人类中心主义的自然观和非人类中心主义的

① 曹孟勤．自然即人 人即自然：人与自然在何种意义上是一个整体［J］．伦理学研究，2010（1）：63-68.

② 肖玲．从人工自然观到生态自然观［J］．南京社会科学，1997（12）：22-26.

③ 曹孟勤．人对自然的身份认定与责任担当［N］．中国科学报，2019-08-07（3）.

④ 李建珊，胡军．价值泛化与自然价值的提升：对罗尔斯顿自然价值论的辨析［J］．自然辩证法通讯，2003（6）：13-19.

⑤ 吴国林．自然辩证法概论［M］．北京：清华大学出版社，2014：47-64.

自然观。人类中心主义又包括古代人类中心主义、近代人类中心主义和现代人类中心主义。古代人类中心主义包括自然目的论、神学目的论、灵魂与肉体二元论和理性优越论等①。杨冠政（2004）指出，人类中心主义包括：认识自然的主人和所有人；人是一切价值的来源；人类具有优越特性，超越自然万物；人类与其他生物无伦理关系②。

近代人类中心主义认为，非人类存在物只有工具价值，不具有内在价值……非人类存在物不具有理性和道德自律能力，它们没有道德权利；人类有绝对支配、统治、处置自然的权利，只要这样做不损害他人的利益（刘大椿，2008）③。

现代人类中心主义主张，自然没有内在价值，一切以人类的利益和价值为中心。现代人类中心主义抛弃了近代人类中心主义的不合理之处，能够有意识地从人类的共同利益、长远利益出发来协调人与自然之间的关系，特别是经济关系。它“增加了新的有利于保护自然的内容，承认人类应该伦理地对待自然”④。但是，首先，这种只从人类自身（一个物种）的利益出发，而不是从整个自然界出发去考虑千万种其他生物及其生存环境的观点，实质上是一种生物种族中心主义的延续。其次，这种人与自然之间的不平等关系必然强化人与人之间的不平等关系。最后，它缩小了自然环境概念的外延，将自然环境限制在人类的环境之内。人类只是着眼于保护与人类有关的生态环境，而不是保护所有物种的生态环境。建立在其他物种之对人类有用性上，这正是以往资源保护运动的失败之处。换句话说，人类在损害了对人类有害的非人类存在物，或者保护了对人类有利的非人类存在物的同时，不自觉地损害了生态环境，从而在长远上给人类带来了损害⑤。

人类中心主义的自然观必然导致人的主体性的异化。有研究（刘大椿，2008）指出，主客二元对立的思维模式必然通过各种方式引导人们去达到对客体（包括自然与人）的控制和征服，从而造成对环境的破坏。而环境的破坏又必然导致对人的压迫，阻碍人类社会发展，造成主

---

① 刘大椿．自然辩证法概论［M］．2版．北京：中国人民大学出版社，2008：111-116.

② 杨冠政．环境伦理：环境教育的终极目标［J］．环境教育，2004（3）：12-15.

③ 刘大椿．自然辩证法概论［M］．2版．北京：中国人民大学出版社，2008：111-112.

④ 刘大椿．自然辩证法概论［M］．2版．北京：中国人民大学出版社，2008：113.

⑤ 刘大椿．自然辩证法概论［M］．2版．北京：中国人民大学出版社，2008：113-114.

体性的异化①。也就是说环境的破坏，人与自然关系的失衡，背后是人的主体性的异化。环境问题的造成不在于承认人类相对于自然的主体地位，而在于人类过分张扬了人的主体性。这种观念主张的主体性是片面的、狭隘的、未充分发展的。真正主体性的发挥是在确证人的主体地位的前提下，充分发挥人的主体性（即人在与自然界的相互作用中表现出来的积极性、自主性和创造性），通过人的能动活动，使自然界、社会、群体、人与人之间的关系及人自身得到更全面、和谐的发展②。

环境问题（包括环境教育）中失当的自然观必然导致人的主体性的异化，环境教育只有以正确的自然观（或者人与自然的关系）为指导，才能够培养具有主体性的下一代。

（二）非人类中心主义的自然观

非人类中心主义的自然观包括“动物解放/权利论”“生物中心主义”“生态中心主义”。

1. 动物解放/权利论

动物解放论标榜的是边沁的功利主义，其代表人物是英国伦理学家辛格。动物解放论包括两个原则：平等原则和功利原则。平等原则是指应该平等地关心每一个人的利益，原因在于每一个人都拥有感受苦乐的能力，并且认为动物理应与人类一样享有道德上的平等，人类必须平等地考虑动物的利益。但是，这里的平等实际上是一种道德观念，而不是事实上的论断。动物解放论主张要平等地关心所有动物的利益，但并不认为应当给予所有动物相同的待遇，而是应当根据动物的感觉能力和心理能力的复杂程度，区别对待他们。这样的理由是基于功利原则：在一个特定的环境中，道德的正确行为都是那些能带来最大功利的行为，即选择那些能带来最大利益综合的行为③。

动物权利论的代表人物是雷根。他认为，只有假定动物也拥有权利，我们才能从根本上杜绝人类对动物的无谓伤害。他认为动物也具有成为生活主体的物质特征和值得我们尊重的天赋价值④。

---

① 刘大椿．自然辩证法概论［M］. 2 版. 北京：中国人民大学出版社，2008：124.
② 刘大椿．自然辩证法概论［M］. 2 版. 北京：中国人民大学出版社，2008：128-129.
③ 刘大椿．自然辩证法概论［M］. 2 版. 北京：中国人民大学出版社，2008：117.
④ 刘大椿．自然辩证法概论［M］. 2 版. 北京：中国人民大学出版社，2008：118.

2. 生物中心主义

生物中心主义认为，以尊重生命为基础的伦理信念是所有生命与人享有平等权利主张的伦理学基础。生物中心主义主张一切生命都是神圣的，它们之间没有高低等级之分。其代表人物保罗·泰勒认为，如果我们能够不借助其他事物而言说对一个事物产生或好或坏的影响是有意义的，那么这个事物就有其自身的好。而一个实体有自身的好，那么它就具有固有价值。也就是说，生物也具有自身存在的价值，人类应该尊重生命。当其他生物与维护人类的价值和权利发生冲突时，他提出了五条原则，即自我防御原则、对称的原则、最小伤害原则、分配正义原则和补偿争议原则①。

3. 生态中心主义

生态中心主义包括大地伦理学和深层生态学。生态中心主义认为，人类是生态系统、生物圈和生态过程中的有机组成部分，应当遵循生物共同体的行为规则，平等地对待其他成员②。

大地伦理学认为，人与大地是一个共同体，人不仅对共同体中的其他成员，而且对共同体本身负有道德义务。人类，不是共同体中的征服者，而是共同体中平等的一员③。

刘承宇等（2019）指出，非人类中心主义在多个方面存在悖论，包括：平等与不平等的悖论、在人类的主体性问题上存在的悖论和在人类是否具有特殊性问题上存在的悖论④。

三、生态语言学视域下的人与自然关系研究

近年来，由于人类生态意识增强，人文社科发生了“生态转向”，从而出现了生态语言学等新兴学科⑤。黄国文等（2017）认为，生态语言学探讨的是语言在人类、其他物种和物质环境之间关系中的可持续发展互动中的作用。它的第一个目标是通过语言学理论揭示把人看作生命

---

① 刘大椿．自然辩证法概论［M］．2 版．北京：中国人民大学出版社，2008：119-121.

② 刘大椿．自然辩证法概论［M］．2 版．北京：中国人民大学出版社，2008：121-122.

③ 刘大椿．自然辩证法概论［M］．2 版．北京：中国人民大学出版社，2008：122.

④ 刘承宇，李淑晶．生态话语分析的伦理标准：兼论人类中心主义的是与非［J］．中国外语，2019（5）：51-58.

⑤ 苗兴伟．生态语言学研究专题［J］．山东外语教学，2019（1）：12.

赖以生存的生态系统的组成部分；第二个目标是展示怎样用语言学处理重要的生态问题，包括气候变化、物种多样性丧失和环境公正[①]。同时，他们指出，语言的使用是人类活动中的一个非常重要的活动，这种活动与其他人类活动一样，都会影响地球，影响环境，影响生态系统[②]。

语言学家韩礼德（Halliday，2007）认为，语言在构建过程中演化，语言是构建的中介。语言并不是被动地反映现实，而是主动创建现实。他指出，现实中存在着增长主义和等级主义。关于增长主义，人们总是认为：增长就是好，多总是比少好，更多要比更少好，大比小好，增加比减少好。因此，人们普遍认为，对于一个国家的政府来说，国内生产总值必须增长，人民生活水平必须提高，生产力必须增长。关于等级主义，语法系统区分“他/她”和“它”，是因为我们认为前者是有意识的，后者是无意识的。当用代词来指代时，用“他”或“她”来指有思维能力的人，用“它”来指没有思维能力的动物，这反映了以人类为中心和出发点的人类中心主义思想[③]。等级主义基于这样的假设：人类优越于生态系统中其他物种和资源，因此对资源的开发和对其他物种的掠杀都是理所当然的[④]。

潘华琴（2013）认为，这种思维模式（指人类中心主义）必植根于语言系统的语法结构内部，呈现为描述人与世界关系的种种话语，最终又反作用于人类思维，成为人类思维的无意识结构，决定着人对世界的态度[⑤]。

建立在生态语言学基础上的生态话语分析主要关注语言在生态系统中的作用，聚焦环境问题和生态危机，阐释语言对生态系统的影响。生态话语分析主张通过话语分析揭示话语所体现的生态观，探讨话语如何建构人

---

① 黄国文，肖家燕．“人类世”概念与生态语言学研究［J］．外语研究，2017（5）：14-17，30.

② 黄国文，肖家燕．“人类世”概念与生态语言学研究［J］．外语研究，2017（5）：14-17，30.

③ 黄国文，肖家燕．“人类世”概念与生态语言学研究［J］．外语研究，2017（5）：14-17，30.

④ 黄国文，赵蕊华．生态话语分析的缘起、目标、原则与方法［J］．现代外语，2017，40（5）：585-596，729.

⑤ 潘华琴．生态批评的语言之途：关于生态语言学研究的几点思考［J］．文艺争鸣，2013（6）：136-139.

类与生态系统之间的关系。生态话语分析有助于阐释话语如何建构人类与生态系统之间的关系，揭示话语背后的生态观念和意识形态。生态话语分析的最终目标是提高人们的生态保护意识，建构人类与自然的和谐生态关系①。

阿伦·斯提比将生态话语分为三类。（1）有益性话语（beneficial discourse）：有益性话语给人以和谐的、生态的精神；（2）破坏性话语（destructive discourse）：破坏性话语是指那些反自然的、反生态的话语；（3）中性话语（ambivalent discourse）：这些话语有生态的、和谐的一面，也有反自然的、反生态的一面②。

阿伦·斯提比（2018）认为，全球化浪潮下英语与其他主流西方语言在全球范围内传播，取代了当地的语言，消减了语言的多样性。这会导致对生态的影响，因为当地可持续生存的相关知识植根于被取代的本土语言③。

黄国文等（2017）认为，生态话语分析基于这样的假定：语言创造意义，语言构建现实，语言识解经验，语言体现了我们的所思所想，语言的表述强化甚至重塑我们对世界的认识，语言指导和影响我们的行为④。

黄国文等（2017）认为，生态话语分析的原则是：与天人合一、人类和平、社会和谐、生态环保一致。这与正能量的、和谐的生态观并行不悖⑤。

黄国文等（2017）认为，生态话语分析的方法是对话语进行多维度、多层次的分析，包括话语背后的世界观、价值观、意识形态、话语的语义、话语的谋篇、话语的语境、话语的表述、语言的格局、语法的特点，以及语言与环境和语境的关系⑥。

何伟等（2018）以深层生态学作为基础，同时融合中国传统文化，

---

① 苗兴伟．生态语言学研究专题［J］．山东外语教学，2019（1）：12.

② 黄国文，赵蕊华．生态话语分析的缘起、目标、原则与方法［J］．现代外语，2017，40（5）：585-596，729.

③ 阿伦·斯提比．生态语言学与全球化［J］．张琳，译．鄱阳湖学刊，2018（1）：5-17.

④ 黄国文，赵蕊华．生态话语分析的缘起、目标、原则与方法［J］．现代外语，2017，40（5）：585-596，729.

⑤ 黄国文，赵蕊华．生态话语分析的缘起、目标、原则与方法［J］．现代外语，2017，40（5）：585-596，729.

⑥ 黄国文，赵蕊华．生态话语分析的缘起、目标、原则与方法［J］．现代外语，2017，40（5）：585-596，729.

建构了“多元和谐，交互共生”的国际生态哲学观[1]。该哲学观对于审视教科书中的人与自然关系具有一定的借鉴意义。

何伟等（2017）认为，典型生态保护型语篇语言模式（图 1-1）应该体现生态保护型场所观，这种语篇能够促进生态保护行为，其语言模式应得到支持和推广。反之，典型生态破坏型语篇语言模式体现生态破坏型场所观，其语言模式应受到抵制。生态模糊型语篇语言模式则较为复杂，体现的生态场所观也较为模糊，对其进行解读时应多关注正面态度，避免负面态度对生态意识的形成造成影响。生态语言学研究的目标是通过分析语篇语言模式，判定特定语篇属于生态保护型语篇、生态模糊型语篇还是生态破坏型语篇，进而推广生态保护型语篇语言模式，遏制生态破坏型语篇发展，引导生态模糊型语篇语言转向，使其向生态保护型语篇发展，最终实现生态保护[2]。

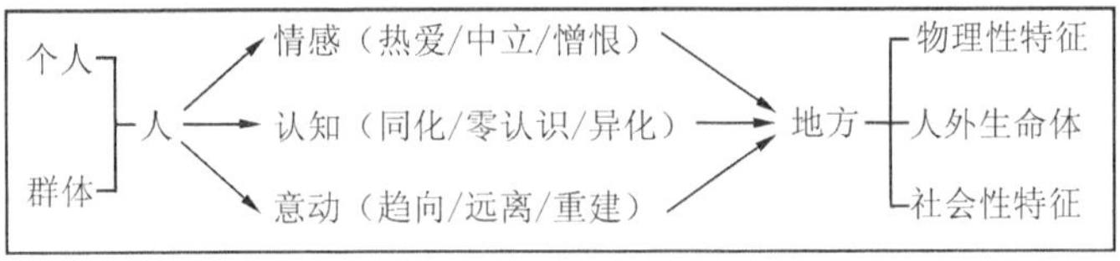

图 1-1　生态保护型语篇语言模式

Stibbe（2015）针对相关生态话语提出了“生存（Living）”之生态哲学观，该观点重视价值（valuing living）、福祉（wellbeing）、现在和未来（now and the future）、关爱（care）、环境极限（environmental limits）、社会公正（social justice）、复原性（resilience）等要素，旨在促进人们保护赖以生存的生态系统。黄国文等（2017）在此基础上提出了“以人为本”的生态话语及行为分析的假定和“良知”“亲近”“制约”三条分析原则。“以人为本”的理念就是动物和植物的生命都需要得到爱护、保护，但在人与动物的选择上，首先选择的是人。良知原则是指人要自觉、自愿地关爱自然，追求人与自然的和谐共处。亲近原则是人与地球上其他生命形式由于地理、空间、认知、情感和知识结构等方面因素而

① 何伟，魏榕．多元和谐，交互共生：国际生态话语分析之生态哲学观建构［J］．外语学刊，2018（6）：28-35.

② 何伟，张瑞杰．生态话语分析模式构建［J］．中国外语，2017，14（5）：56-64.

产生亲疏关系，应该按照这种关系对生态话语和行为做出判断。最后，人的行为还应该受到个人修养、社会约定和国家法规的制约，这就是制约原则①。

刘承宇等（2019）提出“以人为本”的整体生态观，从人的自然属性与社会属性、个体与类范畴、时间与空间维度三个方面进行整体考虑。刘承宇等一方面认为，不能一味反对人类利益的正当性和人类主体性，不能过于关注和批判体现人类利益、主体性和特殊性的话语现象；另一方面主张把研究的重点放在分析环境话语是否建立了人与人之间、人与自然之间的友好合作关系上②。

孙永春（2019）构建了生态话语多维度多层面分析模式。该模式包括生存维度（人与自然的关系）、人际/群际维度（人与他人间的关系）、主体维度（人与自我间的关系）。层面上包括篇内层面——预设分析、行为主体层面——话语态度分析和跨篇章层面——论题分析（如图 1-2 所示）③。

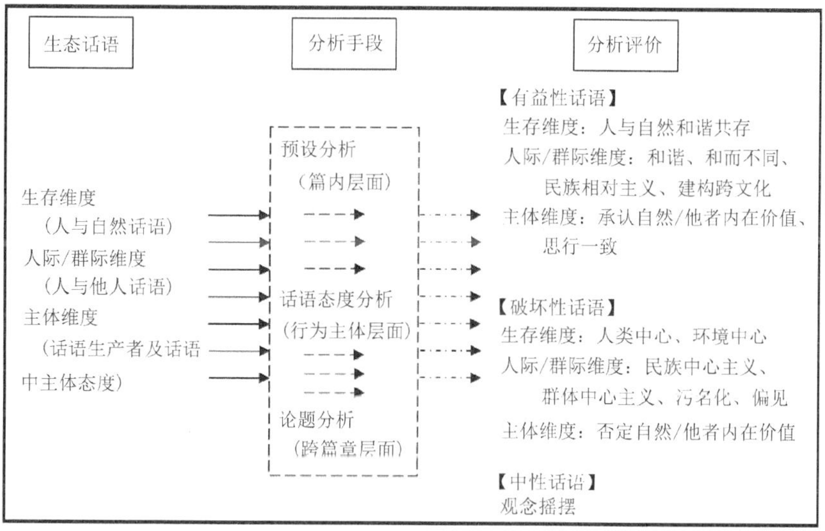

图 1-2　生态话语多维度多层面分析模式

---

① 刘承宇，李淑晶．生态话语分析的伦理标准：兼论人类中心主义的是与非［J］．中国外语，2019（5）：51-58.

② 刘承宇，李淑晶．生态话语分析的伦理标准：兼论人类中心主义的是与非［J］．中国外语，2019（5）：51-58.

③ 孙永春．生态话语多维度多层面分析模式建构［J］．山东外语教学，2019，40（1）：33-43.

四、生态德育研究中的人与自然关系研究

杨学良（1992）指出，为应对生态危机，要重视生态道德教育，反映人与自然关系的生态道德对于人类的生存和发展有重大意义[①]。鲁洁（1994）提出，要解决生态危机，必须加深对自然和生态系统的认识，依靠道德力量来调节人与自然的关系[②]。

刘婷（2014）认为，生态德育即是将生态保护意识纳入学校德育，启发、引导受教育者自觉利用道德力量来调节自身与生态系统的关系，学会和自然“共生”[③]。

周谷平等（2005）认为，生态德育的价值在于帮助学生学会判断人与人、人与自然关系中的是非善恶，正确选择、调节自己的生态道德行为，最终通过自身的发展促进社会的可持续发展。生态德育从与自然相互依存、和睦相处的生态道德观出发，以尊重自然、关爱自然的道德标准衡量受教育者的行为。生态德育更强调受教育者在人与自然关系上新道德观的确立，生态道德原则的理解和生态道德习惯的养成[④]。

周谷平等（2005）指出，生态德育是教育者从人与自然相互依存、和睦相处的生态道德观点出发，引导受教育者为了人类的长远利益和更好地享用自然、享用生活，自觉养成爱护自然环境和生态系统的生态保护意识、思想觉悟和相应的道德文明行为习惯。生态德育更多的是价值观的教育，是使学生具有正确的环境道德观的教育。因此，应当重构学校培养目标，把培养“理性生态人”作为目标。“理性生态人”应是具有良好的伦理道德、环保意识、科学技术、行为品质的优秀人才[⑤]。

朱家安（2006）认为生态德育的作用就在于引导个体形成新的生态世界观：（1）强调整体，认为世界是由相互关联的复杂网络组成的有机整体，现实中的一切单位都是内在地联系着的。（2）强调秩序，认为世界是变化着的有序整体，世界的永恒变化导致了世界的宏观有序和自然界的进化。（3）强调对自然界所有生命的尊重，人类有价值，自然也有

---

① 杨学良．应该重视生态道德教育［J］．教育理论与实践，1992（6）：30-32.

② 鲁洁．试述德育的自然性功能［J］．教育研究与实验，1994（2）：13-14.

③ 刘婷．我国生态德育研究述评［J］．中国德育，2014（17）：14-18.

④ 周谷平，孙朝阳．哲学视野中的生态德育［J］．当代教育论坛，2005（13）：11-14.

⑤ 周谷平，朱绍英．生态德育与环境教育之关系探析［J］．教育发展研究，2005（2）：96-98.

价值，人类的健康生存和持续发展都有赖于对自然有机整体的维护及同自然界的和睦相处①。

冯文全等（2014）指出，人与自然之间的和谐之美是生态德育的逻辑起点②。周苏娥（2005）认为，生态德育的核心是教育人们正确处理人与自然的关系③。

张春梅（2006）指出，中小学生态德育目标可确定为：引导中小学生热爱大自然，崇敬大地万物；使他们能够理解自然、人类和环境之间多方面相互依存的关系；使他们从这种相互依存的关系中，认识个人和集体对生态、环境应负的责任；使他们自觉地参与解决有关的环境问题；使他们有能力采取必要的保护生态的行动。其内容包括：（1）教育学生具有正确的生态学价值观；（2）教育学生树立全球生态道德观；（3）教育学生养成自觉保护环境的良好行为④。

肖楠楠（2018）认为，非人类中心论所追求的核心是人与自然之间建构具有平等关系的道德共同体，人类要从承认自然的内在价值和权利出发，给生命万物以道德关怀，建构人与自然的道德共同体。同时，她认为，非人类中心的生态伦理需要摆脱人与自然之间中心与边缘的关系，确立人与自然之间生命共同体的关系；在纵向上摆脱人与自然之间高级与低级之分，确立人与自然的多元平等关系，建构人与自然的道德共同体⑤。

刘济良（2000）指出，现代性（包括主客二分的二元论、唯物主义的机械论和人类中心主义）是造成诸多环境问题的根源所在，同时指出后现代主义倡导整体观（包括有机主义的整体观、反对增长主义和相互依存的生态价值观），重建了人与自然之间的和谐关系，并将生态德育看

---

① 朱家安．发挥德育的生态性功能　构建人与自然的和谐关系［J］．教育探索，2006（10）：99-100.

② 冯文全，孙良英．我国近十年生态德育发展研究综述［J］．当代教育论坛，2014（3）：19-23.

③ 周苏娥．试论生态危机与生态德育［J］．内蒙古师范大学学报（教育科学版），2005（6）：49-51.

④ 张春梅．生态德育：21世纪学校德育的新课题［J］．教育探索，2006（10）：103-105.

⑤ 肖楠楠．找回失落的德性：生态德育的价值观转向［J］．教育科学研究，2018（5）：63-66.

作重建人与自然之间和谐关系的途径①。

五、关于环境教育与“人—自然”观的相关研究

Silvia Caravita（2008）对影响人与自然关系的价值观的影响因素进行了分析，包括以下几个方面②。

（1）生态的：涉及与生物多样性有关的自然系统的保持、维护；感知到的环境质量（本地和全球）及与其他生物的“互动”感；认可人类行动、人口增长所受到的限制；意识到并接受作为一个有限资源库的地球。

（2）审美的：通过我们的感官欣赏美丽与和谐；通过这种感觉获得愉悦。

（3）经济的：涉及资源价值的定义；资源所有权；获得商品中的公平问题。

（4）文化的：涉及维持社会和文化单位的实践。

（5）社会的：涉及个体自由及在社会互动中的互动的规则与管理。

（6）政治的：管理、裁决和控制个人与社会、人类与环境之间的相互作用的方式。

（7）道德：将承担资源使用者的责任视为良心赋予的生命。

（8）存在的：涉及一个人在所居住的环境中构想和管理自己的生活和私人空间的方式；赋予生活质量、个人、生命本身（及其他生命形式）的价值。

Forissier 等（2003）③ 设计开发了相关的分析表，以分析教师针对自然与环境的观念。

（1）有人——没人

假设：与自然有关的观念以缺少人类的足迹为特征；与之相反，与

---

① 刘济良．论后现代主义与生态德育［J］．河南大学学报（社会科学版），2000（6）：113-116.

② Caravita S，Valente A，Luzi D，et al. Construction and Validation of Textbook Analysis Grids for Ecology and Environmental Education[J].Science Education International，2008，19(2)：97-116.

③ Forissier T，Clément P. Les systèmes de valeurs d'enseignants du Secondaire sur la nature et sur l'environnement. Une analyse comparative en France，Allemagne et Portugal[C]//Proceedings of XXV Journées Internationales d'Education Scientifique. Paris：Université Paris Sud Press，2003：393-398.

环境有关的观念包括人类的行动。

（2）形而上的——唯物主义的

生命与世界的起源都可以通过科学理论来研究和呈现，并不需要占卜式或者精神的解释。环境问题的起源可以被研究。假设是这样的：在当今，研究环境问题可能被这样的想法代替——因违背自然秩序而受到神的惩罚。

（3）系统的方式——单一因素决定

一方面，环境问题的解释被简化为单一原因。这样一个参数的重要意义通常是真实的，并且聚焦于这一原因能够动员一些激进分子。然而，每一个环境问题都是相互交织的各种因素共同作用的结果。聚焦于一个因素可能导致危险的还原论。另一方面，那些被认为对某些环境问题负有责任的利益相关方发现可以躲在系统方式后面逃避自己的责任。

（4）人类中心主义——生态中心主义

人类中心主义从资源及其对人类的益处的角度看待环境。而生态中心主义将其自身看作目的。

（5）干预主义——被动的

典型的被动话语是“自然按照自身的规则运行”“保护它最好的方式是什么都不做”。无论采取哪种行动，只要是在做（保护或开发、生态中心主义的或人类中心主义的），人类都是积极参与的。

（6）当地的——全球的

我们应从不同的尺度考量环境问题（如空间和时间方面）。这与我们理解全球环境治理能力及考虑减轻当地紧迫的环境问题形成了对比。

（7）美学方面——文化方面

美学维度不仅仅是一个情感维度。作为一个横切维度，能够在任何因素分析中发现它。美学维度值得关注。往往被低估的是，它与文化符码紧密相连，它深深地刻入历史或者流行的效果当中。

阿伦·斯提比（2018）指出，环境教育有可能成为特洛伊木马，会首先传播破坏环境的价值观。在许多例子中，环境教育会陷入进退两难的境地：它虽然有助于提出环境问题，但同时也会强化全球工业革命数字时代特定语言和思维模式的使用①。

① 阿伦·斯提比．生态语言学与全球化［J］．张琳，译．鄱阳湖学刊，2018（1）：5-17.

六、人与自然的关系及科学教育（课程）改革相关研究

史万兵（1998）认为，在环境教育的知识之中，关于人类社会与自然界相互作用的知识是环境教育中最高层次的知识，也是处理人与周围环境关系最有效、最重要的知识①。

蒋一之（1999）认为，“人—自然”观作为人与环境相互作用的哲学理论形态，既是生态伦理学研究的重要课题，也是环境教育实施的伦理学基础。对人与自然关系的不同理解导致了人类对待自然的不同价值观和态度，影响着环境教育对所要培养的人的素质取向②。他认为，环境教育所要培养的环境意识包括：意识到人与自然的相互依存性；意识到“人—自然”关系同“人—人”关系密切相关，环境问题具有全球影响③。

叶国洪（2001）指出，环境教育的目的在于了解人与环境互动的关系，培养对环境的尊重及解决环境问题的能力④。

李久生等（2002）指出，培养环境意识是环境教育的基础，具体包括培养环境认识观、环境伦理观和环境价值观。（1）环境认识观：使人们正确地认识自然、由衷地赞美自然，知道什么是环境和环境问题，了解关于环境和环境问题的科学基础知识，树立正确的环境审美意识，培养热爱自然、热爱环境的感情，正确认识人与自然、人与环境之间的互动关系，建立人与自然、人与环境和谐协调的良好意识。（2）环境伦理观：环境伦理学认为，人类不仅要对人类讲道德，而且要对自然、环境和一切生命体讲道德，将用于人类社会的善恶、正义、公平等传统道德观念扩大到人与自然、人与环境的关系，明确人类对自然、对环境应负有的伦理道德责任。（3）环境价值观：建立新的环境价值观，尊重环境自身的固有价值，正确分析和对待与人类生产、生活密切相关的环境关联价值⑤。

---

① 史万兵．环境教育的基础理论研究［J］．教育研究，1998（4）：54-59.

② 蒋一之．“人—自然”观：环境教育的伦理学基础［J］．杭州教育学院学报，1999（5）：90-94.

③ 蒋一之．“人—自然”观：环境教育的伦理学基础［J］．杭州教育学院学报，1999（5）：90-94.

④ 叶国洪．环境伦理与环境教育［J］．清华大学教育研究，2001（1）：38-43.

⑤ 李久生，谢志仁．论环境教育理念建构及其实践［J］．教育科学，2002，18（3）：10-13.

刘伟等（2007）通过对联合国斯德哥尔摩环境会议和第比利斯会议给“环境教育”所下定义的分析指出，环境教育是针对环境问题的教育，其目的是使人们更好地认识人与自然或人文环境的关系，并处理好这种关系。生态危机产生的根本原因在于人类对人与自然关系的错误认识。因此很多学者注意到生态环境问题不仅是生态环境问题，而且涉及政治、文化等人类社会的根本问题。因此有学者认为，应当把环境教育称为“生态教育”。皮尼克指出，生态教育建立在生态哲学基础之上，为改善人与自然的关系，解决环境问题的根本途径是对我们的世界观进行根本变革。环境是一个人类中心的和二元论的术语，它意味着人类位于中心，所有非人的物质环绕在我们周围，构成我们的环境。而生态则意味着相互依存的、整体化的、系统的联系。生态教育旨在倡导人与自然和谐相处的生态伦理观。同时，他们还指出，环境教育应当培养人与自然的和谐共存观。人与自然、个人与他人、当代与后代、人与生物、人与非生物都存在于难以分割的时间和空间连续体中，人类的一切活动作用于人类所处的环境系统，同时环境系统又反作用于人类。这就要求人类不仅为自己的行动承担责任，而且要为自己之外的一切承担伦理责任，做到人与自然、人与社会、人与环境的和谐共存①。

崔建霞（2007）指出，人类需要培植一种科学地认识和处理人与自然的关系的观念，这种观念的核心即是环境伦理学。这是解救生态危机的根本。这种观念是构筑环境教育的理论基础②。

李吉霞等（2007）认为，我国的环境教育应当树立新自然观（由对自然的单向征服、索取、掠夺、破坏的“人类中心主义”转向追求人与自然的“和平相处”、平衡协调发展）和新道德观（由只重视维护人与人、人与社会的关系转向认真处理人与自然、人与其他生物的关系，进而形成尊重自然、爱惜所有生命、保护环境的生态伦理观）③。

闫守轩（2008）通过对国际自然与自然资源保护同盟、美国《环境

① 李久生，谢志仁．论环境教育理念建构及其实践［J］．教育科学，2002，18（3）：10-13.

② 崔建霞．环境教育：由来、内容与目的［J］．山东大学学报（哲学社会科学版），2007（4）：147-153.

③ 李吉霞，张翠萍．国外环境教育特点及其对中国的启示［J］．继续教育研究，2007（1）：81-83.

教育法》和我国《大百科全书（环境科学卷）》为“环境教育”所下定义进行分析指出，环境教育应着眼于人类同其周围环境之间的关系，这是环境教育的核心。因此，环境教育以人与环境的关系为着眼点①。

冯永刚等（2010）指出，环境教育的内在特质是尊重自然、爱护自然、保护环境、美化环境、促进环境的良性循环和可持续发展。因此，我们需要尊重环境存在的价值、善待自然、敬畏环境、生态公正、协同合作，建立人与自然的互惠共生纽带，维护人与环境协调发展的道德关系。环境教育要让学生从内心深处理解人与社会、人与自然的关系②。

高德胜（2008）指出，随着现代社会人的异化，自然成了单纯满足人们物质欲望的工具，驾驭自然成了现代世界的核心观念。环境危机的实质，说穿了是人性危机。生态危机错不在自然，而在人及人性的异化：自我中心主义、物质主义③。

王伟群（2008）指出，科学教育的重要目标是传承人类在长期实践中积累的对自然的认识和对自然的改造经验。科学教育对人们如何处理人与自然的关系有重大影响。而传统科学课程的自然观秉持一种对象性的思维方式，把世界万物看作是与人对立的。在这种观念中，人是主体，自然是客体，人独立于自然之上。人类通过认识自然进而利用自然、改造自然。在这种主客对立的思维框架下，人与自然的地位是不平等的，自然是人认识和利用的对象，人与自然的关系是利用与被利用、征服与被征服的关系。以此为基础的科学课程，其目标主要是使学生获得人类已有的关于自然的知识，学习改造自然的能力和方法，从而充分地利用自然、改造自然甚至征服自然④。而新课程无论是课程目标还是课程内容都有所变化，注重人与自然的和谐发展，但是其观点有待实证研究的证据支持。

段发明（2017）通过对新中国成立后小学科学（自然）教科书中的

---

① 闫守轩．环境教育：涵义、缘起与演进［J］．宁波大学学报（教育科学版），2008（2）：16-20.

② 冯永刚，董海霞．环境教育：英国道德教育的重要途径［J］．外国教育研究，2010（3）：79-84.

③ 高德胜．找回失落的人性：论环境教育的转向［J］．高等教育研究，2008（2）：1-6.

④ 王伟群．人与自然和谐发展观视野下科学课程的审视［J］．课程・教材・教法，2008（4）：71-75.

伦理观念的梳理指出，新中国成立至今，我国小学科学（自然）教科书中的科学伦理观念从“人化自然”的伦理意图向有意识的科学伦理启蒙转变——由“自然化人”转向“人道自然”①。

易娜伊等（2019）通过对我国小学科学（自然）课程标准（教学大纲）的梳理指出，我国小学科学课程中的自然观的发展主要经历了三个阶段，即人类中心主义自然观、浅层生态自然观和进阶的浅层生态自然观，并且从新制度经济学理论的视角分析发现，我国小学科学课程中的自然观存在着明显的制度依赖。收益递增效应、学习效应和协同效应等导致了小学科学课程自然观发展缓慢，不能满足时代需求。为此，有必要加强顶层设计，提升小学科学课程改革的民主化水平，使小学科学课程呈现适应时代需求的深层生态自然观②。该研究能够为小学科学（自然）教科书中“人—自然”观的研究提供必要指导。

Carolina Castano Rodriguez（2015）通过内容分析，发现澳大利亚科学课程呈现的自然和其他物种的价值观如下：（1）自然和其他物种被看作研究的客体；（2）非人类动物和所有其他物种具有同等价值，并且未区分它们自身的生物特征；（3）人类具有不同的地位，区别于其他动物；（4）非人类动物缺乏情感生活与能力③。

吴红等（2020）指出，应充分利用教育的力量，从教育理念到教学内容的选择都有意识地强化敬畏自然的思想。如何将敬畏自然的思想贯穿于基础教育和高等教育全过程，这是我们面临的一个大课题④。

杨舒宁（2011）在梳理已有文献的基础上指出，各国的环境教育理念都倾向于以处理人与自然的关系为基点⑤。

---

① 段发明．小学科学教科书伦理理念的发展逻辑［J］．湖南师范大学社会科学学报，2017（2）：48-56.

② 易娜伊，郭桂周，王盈莉．新中国小学科学课程自然观的历史变迁及其路径依赖：基于新制度经济学理论的视角［J］．上海教育科研，2019（5）：10-15.

③ Carolina Castano Rodriguez. Which values regarding nature and other species are we promoting in the Australian science curriculum?［J］. Cultural Studies of Science Education, 2016, 11（4）：999-1021.

④ 吴红，杜严勇．“敬畏自然”大讨论的回顾与反思［J］．科学与社会，2020（4）：75-84.

⑤ 杨舒宁．小学科学教科书中环境教育内容编制的分析［D］．沈阳：沈阳师范大学，2011.

七、科学教科书中的环境教育研究与“人—自然”观研究

（一）科学教科书中的环境教育研究

我国台湾学者吴忠宏等（2013）在已有研究基础上设计开发了教科书环境教育内容分析检查表。该检查表共分为“环境觉知与环境敏感度”“环境概念知识”“环境价值观与态度”“环境行动技能”和“环境行动经历”等五个维度。该检查表经过试用具有比较好的信度与效度。而其中的“环境价值观与态度”包括环境伦理，即涉及人与自然的关系①（表 1-1）。郭桂周等（2018）应用该检查表对我国初中物理教科书中的环境教育内容进行了分析，发现该教科书体现了浅层生态主义的自然观，即为了利用自然而保护自然②。

表 1-1　吴忠宏等（2013）开发的教科书环境教育内容分析检查表

维度	子维度	内容说明
1. 环境觉知与环境敏感度	1.1 人类行为对环境的影响	体验周围环境问题（如泥石流、资源有限、核污染、能源等），使学生认识人类行为对自然与人文社会环境造成的影响，明白人类生存依赖于自然资源，人类应负起对环境的责任
	1.2 自然与人工环境的体验	经由感官知觉能力的训练，培养学生对自然环境与人工环境美的欣赏能力和敏感度
2. 环境概念知识	2.1 生态学基本概念	生态学是研究生物及其生存环境之间相互关系的科学，可使学生了解基本的生态学概念
	2.2 环境议题内涵	了解生活周遭和国际性的环境议题的内涵
	2.3 生活环保	了解日常生活中的环保机会与行动，例如：节约能源、资源保护、简单生活、绿色消费、废弃物减排、预防核污染等

① 吴忠宏，廖丽卿，林政逸．国中国文教科书环境教育议题之内容分析［J］．台中教育大学学报（教育版），2013，27（2）：1-26.

② 郭桂周，易璇子，黄晓庆．我国中学物理教科书中环境教育内容的文本分析：以人教版初中物理教科书为例［J］．课程教学研究，2018（8）：34-38.

续表

维度	子维度	内容说明
3. 环境价值观与态度	3.1 环境伦理	培养正面积极的环境态度，欣赏和感激自然及其运作系统。了解人与环境的互动互依关系，尊重环境中各类生物的生存价值，了解人与生物间的伦理关系包括人类中心伦理、生命中心伦理与生态中心伦理
	3.2 社会正义与可持续发展	欣赏并接纳不同文化，关怀弱势族群，进而关怀未来世代的生存与发展
4. 环境行动技能	4.1 环境议题调查	能归纳思考不同区域性环境问题的可能原因，并运用科学方法研究解决环境问题的可行策略，善用问题解决策略解决环境问题
	4.2 环境活动规划	能规划、执行个人和集体的校园清洁活动，或组织学校及社区的环境保护、关怀弱势族群活动
5. 环境行动经历	5.1 参与当地环境活动	参与学校社团和社区环境保护活动，关心环境保护与弱势族群生活
	5.2 全球环境问题探究	了解国际性的环境议题，并能参与调查研究与环境行动

（二）科学教科书中的“人—自然”观研究

1. 应用内容分析法对科学教科书中的自然观进行研究

希腊学者 Kostas J. Korfiatis 等（2003）构建了教科书中自然形象的分析框架[①]（表 1-2），该框架包括对自然的隐喻、对自然的描述、自然的类型、自然的价值、“人—自然”的关系、人类活动的呈现和环境知识的元素等七个维度。通过对科学教科书中自然的形象的考查可以认识教科书内容背后所蕴含的人与自然的关系。

分析表明，希腊小学科学教科书中的自然形象以生态网络隐喻为主，

① Korfiatis K J, Stamou A G, Paraskevopoulos S. Images of Nature in Greek Primary School Textbooks[J].Science Education,2004,88(1):72-89.

所描述的自然是一种友好型自然，所呈现的自然以自然环境为主，所呈现的自然的价值以资源价值为主，人与自然的关系主要是人控制自然，人类的活动相对于自然环境以中性为主，所呈现的环境知识以生态学为主。

表 1-2　Kostas J. Korfiatis 等（2003）构建的自然形象的分析框架

一级维度	二级维度	解释
1. 对自然的隐喻（Metaphors of Nature）	1. 1 生态平衡隐喻（the Balance-of-Nature Metaphor）	自然是和谐的、功能良好的平衡系统
	1. 2 动态生态隐喻（The Flux-of-Nature Metaphor）	自然以一种可预测或不可预测的方式持续地变化，包括气候的陡然变化、人口的波动、群落结构的变化及由重复或者循环造成的变化，如季节更替等
	1. 3 动态平衡隐喻（The Balanced Flux-of-Nature Metaphor ）	该类型与特定的自然变化相关，是周期性的，有可预测性（例如季节变化、有机体的生命循环等），它所呈现的自然与平衡的相关性大于动态隐喻
	1. 4 生态网络隐喻（The Web-of-Nature Metaphor）	这种隐喻与群落、生态系统有关，区别于物种的方式。自然以一种互联系统的方式呈现，它是由生物和非生物因素紧密联系的一个网络，它由生物群落、生态系统和能量流动等组成
	1. 5 生命合作隐喻（The Cooperation-of-Beings Metaphor）	不同物种之间是相互联系的，并形成了一个网络。生物体为了共同的利益相互合作，例如不同生物体之间团结的现象，或物种之间的活动有助于其他物种的生存
	1. 6 生命竞争隐喻（The Competition-of-Beings Metaphor）	这个隐喻与物种之间建立的竞争关系有关，而竞争关系被认为是自然界的主要驱动力

续表

一级维度	二级维度	解释
2. 对自然的描述 (Depictions of Nature)	2.1 友好型 (Biophilic) 自然	大自然被描绘成一个友好、安全、风景如画甚至浪漫的地方
	2.2 危险型 (Biophobic) 自然	指对大自然的不愉快感觉，例如焦虑、恐惧甚至强烈的排斥
3. 自然的类型 (Types of Nature)	3.1 自然 (Natural) 环境	未受人类影响或者未被人类明显介入的，例如原始森林或者山脉
	3.2 人工 (Human-made)环境	受人类支配的，例如公园、动物园等
4. 自然的价值 (Value of Nature)	4.1 内在 (Arcadic) 价值	在城市化和工业化国家流行，并且与享受和保护自然的新社会实践相呼应
	4.2 资源 (Resource) 价值	与工具价值相关的自然描述，即将自然描述为生产手段，消费品或社会发展的前提条件
5. "人—自然"的关系 (The Humans Nature Relation)	5.1 人控制 (humans control) 自然的关系	指的是人类对自然的支配，并且与自然即资源概念和赋予自然的工具价值紧密相关
	5.2 人保护自然 (guardianship) 的关系	通过环境教育促进的人与自然的关系。这也涉及人与自然之间的不平等关系
	5.3 人与自然平等 (Equality) 的关系	融合了人与自然，并涉及自然链式隐喻，包括了人类成为食物链一部分的描述
	5.4 自然控制 (nature's control) 人的关系	自然通过决定人类的行为和命运而统治人类。包括对"极端"自然现象的描述，例如洪水、火山动荡和大雪

续表

一级维度	二级维度	解释
6. 人类活动的呈现 (Representation of Human Activities)	对自然来说是有问题的 (Problematic for nature)	人类的活动对自然生态系统、物种的灭绝造成了破坏或者污染
	与自然是相容的 (Compatible with nature)	人类的活动对环境是友好的，至少没有伤害自然
	对自然来说是中性的 (Neutral for nature)	并没有呈现人类对环境的影响
7. 环境知识的元素 (Elements of Environmental Knowledge)	6.1 生态学 (Ecology)	涉及与生态科学有关的营养链、生态适应和类似于生态系统、种群等生态概念的解释
	6.2 动物学 (Zoology)	涉及动物的解剖特征、生理机能的描述或特定物种的描述及与生物分类学有关的信息
	6.3 植物学 (Botany)	涉及与植物有关的解剖、生理学和分类

希腊学者 Rea Lemoni 等学者在 Kastas J. Korfiatis 等（2003）所构建的教科书中自然形象的分析框架的基础上，于 2011 年开发了教科书中图片所体现的自然观分析框架（表 1-3），并对希腊小学科学教科书进行了分析。该框架包括"对自然的隐喻""对自然的情感""自然的类型""自然的价值""'人—自然'的关系"等五个维度。

研究表明，希腊小学科学教科书中的图片主要出现了自然和人与自然关系的"巴洛克式"观点，根据该观点，自然在不断地运动，因此随机且不可预测的自然变化可能是"正常的"。人类以物质主义的眼光看待自然环境，自然环境被人类改造为一种资源。通过与 1980 年的小学科学教科书中的图片所呈现的自然观的比较可以发现，1980 年的小学科学教科书中所呈现的是一个充满活力的、乐观主义的工业社会，而当今的小学科学教科书中则呈现了对后工业社会中的自然现象的怀疑①。

① Lemoni R, Stamou A G, Stamou G P. "Romantic", "Classic" and "Baroque" Views of Nature: An Analysis of Pictures About the Environment in Greek Primary School Textbooks—Diachronic Considerations[J]. Research in Science Education, 2011, 41(5): 811-832.

表 1-3 Rea Lemoni 等于 2011 年开发的教科书自然观分析框架

一级维度	二级维度	解释
1. 对自然的隐喻 (Metaphors of Nature)	1.1 生态平衡隐喻 (The Balance-of-Nature Metaphor)	自然是和谐的、功能良好的平衡系统
	1.2 动态生态隐喻 (The Flux-of-Nature Metaphor)	自然以一种可预测或不可预测的方式持续地变化，包括气候的陡然变化、人口的波动、群落结构的变化及由重复或者循环造成的变化，如季节更替等
	1.3 生态网络隐喻 (The Chain-of-Nature Metaphor)	这种隐喻与群落、生态系统有关，区别于物种的方式。自然以一种互联系统的方式呈现，它是由生物和非生物因素紧密联系的一个网络，它由生物群落、生态系统和能量流动等组成
	1.4 生命竞争隐喻 (The Competition-of-Beings Metaphor)	这个比喻与物种之间建立的竞争关系有关，而竞争关系被认为是自然界的主要驱动力
2. 对自然的情感 (Environmental Emotions)	2.1 友好型 (Biophilic) 自然	大自然被描绘成一个友好、安全、风景如画甚至浪漫的地方
	2.2 危险型 (Biophobic) 自然	指对大自然的不愉快感觉，例如焦虑、恐惧甚至强烈的排斥
	2.3 中性的 (Neutral) 自然	有关环境的内容未引发对自然的正面或负面倾向
3. 自然的类型 (Types of Nature)	3.1 自然 (Natural) 环境	未受人类影响或者未被人类明显介入的，例如原始森林或者山脉
	3.2 人工 (Human-made) 环境	受人类支配的，例如公园、动物园等

续表

一级维度	二级维度	解释
4. 自然的价值（Values of Nature）	4.1 内在（Arcadic）价值	在城市化和工业化国家流行，并且与享受和保护自然的新社会实践相呼应
	4.2 资源（Resource）价值	与工具价值相关的自然描述，即将自然描述为生产手段、消费品或社会发展的前提条件
5. “人—自然”的关系（The Humans-Nature Relation）	5.1 人控制（humans control）自然的关系	指的是人类对自然的支配，并且与自然即资源概念和赋予自然的工具价值紧密相关
	5.2 人保护自然（guardianship）的关系	通过环境教育促进的人与自然的关系。这也涉及人与自然之间的不平等关系
	5.3 相互依赖（Interdependence）的关系	融合了人与自然，并涉及自然链式隐喻，包括了人类成为食物链一部分的描述
	5.4 自然控制（nature's control）人的关系	自然通过决定人类的行为和命运而统治人类。包括对“极端”自然现象的描述，例如洪水、火山动荡和大雪

应用该框架对我国凤凰版小学科学教科书中的自然观进行分析，结果发现存在环境问题呈现的表层化、环境问题与应对措施的错位、环保行动的抽象化和虚无化、环境主体的模糊化等问题，并认为应当拓宽环境教育内容，揭示环境问题的深层次原因，设计多样化的环境保护活动，明晰环境主体及其权责。

2. *应用话语分析对科学教科书中的“人—自然”观进行分析*

Sharma（2015）等应用系统功能语言学中的过程分析对美国乔治亚州的科学教科书进行批判话语分析，结果显示该州教科书中的“人—自然”关系呈现如下特征：环境问题中人类过度的去人格化；环境威胁的表层化；环境行动的个体化①。

---

① Sharma A, Buxton C A. Human-Nature Relationships in School Science: A Critical Discourse Analysis of a Middle-Grade Science Textbook[J].Science Education, 2015, 99(2): 260-281.

斯提比（2018）研究了日本大学使用的二十种环境教育教科书，分析发现，表面上教学内容是环境问题，但是教科书话语反映了消费者的态度、人类中心主义、自然系统的简化主义等思想，把环境问题归结于森林砍伐与当地人口的增长，并认为科技发展是解决环境问题主要的也是唯一的途径。换句话说，在试图解决环境问题的同时，这些教科书首选输入的是引起环境问题的价值观和思想①。

八、总结与评述

首先，环境伦理学、环境哲学等领域的相关学者围绕“人与自然的关系”这一基本问题就相关理论展开了深入、细致而全面的探讨，这些研究有助于我们更加深入地认识人与自然关系的本真，从而为本研究的展开奠定了坚实的基础。

其次，对环境教育、生态德育等的研究为我们理解环境教育与对“人与自然的关系”的认识的内在关联提供了必要条件，为从人与自然关系的视角切入研究环境教育问题提供了可能。

最后，批判话语分析、生态语言学及理科教科书中自然观的相关研究为本研究的展开提供了必要的智力与方法支持。

但是，我们也可以发现已有研究还存在以下几个方面的不足。

第一，国内对教科书内容的研究方法较为单一，以内容分析法为主。对理科教科书中的环境教育内容关注还不够，研究还不够系统、深入。

第二，对理科教科书所呈现的自然观或者人与自然的关系还缺乏足够关注，国外的研究也比较少。

第三，对小学科学（自然）教科书中的环境教育内容及其背后所体现的“人与自然的关系”缺乏足够关注，而这既是一个非常有价值的学术问题，同时又具有非常强的现实意义。

基于此，笔者选择了小学科学（自然）教科书中的环境教育作为研究领域，从人与自然关系的视角切入，从历史的向度展开研究。试图从历时态的视角揭示新中国不同历史时期小学科学（自然）教科书中人与自然关系的内容、特征、本质及隐藏在教科书背后的社会集体意识。

---

① 阿伦·斯提比．生态语言学与全球化［J］．张琳，译．鄱阳湖学刊，2018（1）：5-17.

第三节 研究的问题

本书所要研究的领域是教科书中的环境教育问题，选择的是小学科学（自然）教科书。从人与自然关系的视角切入，从历史的向度展开研究，所以，本研究的核心议题是：新中国成立后，我国小学科学（自然）教科书中的人与自然的关系是如何发展的？

可以将该问题分解为以下几个方面的子问题：

（1）根据所呈现的人与自然的关系，新中国成立后可以将小学科学（自然）课程中的人与自然的关系划分为几个阶段，每个阶段呈现为何种特征？

（2）用何种方法能够将课程标准（教学大纲）背后的“人—自然”观挖掘出来，用何种方法能够将教科书相关内容背后的“人—自然”观挖掘出来？

（3）如何挖掘教科书中相应的图片背后的自然观？

（4）不同时期的课程标准（教学大纲）呈现了何种类型的“人—自然”观，这种“人—自然”观体现了何种自然观？

（5）不同时期的小学科学（自然）教科书呈现了何种类型的“人—自然”观，这种“人—自然”观体现了何种自然观？

（6）不同时期的小学科学（自然）教科书与该时期课程标准（教学大纲）呈现的“人—自然”观是否一致？

（7）不同历史阶段小学科学（自然）教科书中的“人—自然”观是如何发展和演进的，体现出哪些方面的特征？

（8）当今小学科学课程呈现了何种“人—自然”观，存在哪些问题？未来小学科学课程应当呈现何种“人—自然”观？

第四节 研究的意义

一、理论意义

本研究属于交叉研究，既涉及环境伦理学、科学教科书、环境教育，也涉及科学课程史研究的范畴，因此本研究从理论上具有多方面的价值。

（1）有助于丰富科学课程研究理论。环境教育是科学教育的重要议题，而人与自然的关系又是环境教育的基点。本研究聚焦于小学科学（自然）教科书中的“人—自然”观的发展问题，这属于科学课程研究的范畴。该问题较少得到关注，对该问题的研究有助于丰富科学课程研究理论。

（2）有助于拓展环境教育理论。以往的环境教育研究更多关注环境教育的发展历程、环境教育的内容、环境教育的模式、环境课程的开发、环境教育的方法及不同国家的环境教育等，但是较少从环境伦理学等视角关注环境教育研究。本研究聚焦于小学科学（自然）教科书中的环境教育内容，选择从“人—自然”观的角度切入展开研究，这属于环境教育的范畴，能够拓展环境教育的相关理论，促进环境教育理论的发展。

（3）有助于丰富科学教科书研究理论。环境教育内容是科学教科书的重要内容。但是，由于环境教育并非科学教科书的主体内容，因此以往对科学教科书的研究较少关注其中的环境教育内容。本研究关注的是小学科学（自然）教科书中的人与自然的关系问题，从人与自然关系的角度对小学科学（自然）教科书中的环境教育内容展开研究，从而能够帮助我们进一步认识我国小学科学（自然）教科书的发展历程，进一步丰富科学教科书研究理论。

（4）有助于拓展科学课程史的研究视域。课程史研究是教育史研究的重要内容，但是国内对课程史研究还缺乏足够的关注。而对具体的学科课程史的研究则因为属于宏观教育史和学科教学论的交叉地带，更缺乏足够的关注。但是，只有深入具体学科层面，课程史研究才能够得到拓展。研究小学科学（自然）教科书中“人—自然”观的发展历程及其阶段特征，这实际上也是一个课程史问题。对该问题的研究有助于拓展科学课程史研究的视域，丰富科学课程史理论。

二、实践意义

（1）能够为环境教育的展开提供必要的启示。以往的环境教育大多使学生认识环境污染和环境破坏的类型，以及怎么样身体力行参与到环境保护中来，这些主要是从知识与行动两个方面培养学生的环境素养。但是相关研究业已表明，这些是不够的，并不能从根本上解决环境污染与环境破坏问题。环境教育需要重塑人与自然的关系，重新建构人的主体性。因此，环境教育需要对环境课程内容进行必要的调整，同时引入新的教学方法，使学生认识环境问题背后的人与自然的关系问题。第一是能够使环境教育更加深入，第二是能够调整环境教育的取向。

（2）能够为小学科学教科书的编写提供必要的建议。本研究聚焦小学科学教科书中的环境教育内容，从人与自然关系的角度对其历史发展进行梳理，能够帮助我们认识小学科学教科书中环境教育的发展及存在的不足，从而为小学科学教科书的编写与修订提供必要的启示与建议。同时，本研究能够为中学理科教科书中环境教育内容的编写提供必要的启示。

（3）能够为小学科学教师使用教科书提供必要的参考。新的理念下，教师不再是传统意义上的教书匠，而是需要作为一个研究者存在。其中最重要的是需要教师整合相关课程资源或者创造性地使用教科书展开教学。本研究能够发现相关小学科学教科书中环境教育内容的特征及存在的不足，为教师选择并使用教科书提供必要的参考。

第五节　研究的目标

本书的研究目标包括以下几个方面。

（1）通过对环境伦理学、环境哲学、环境社会学等相关文献的梳理，廓清环境问题和人与自然关系之间的联系。人与自然的关系是本研究的基石，而这个问题又是环境伦理学等的研究核心，通过对相关文献的梳理，能够明确人与自然关系的发展历程，以及人与自然关系的未来走向。

（2）通过对已有研究和文献的梳理，构建科学教科书中人与自然关系的分析框架与分析方法。本研究需要对小学科学（自然）教科书中的人与自然关系（或自然观）进行分析，分析则需要构建分析的框架，选用合适的分析方法。

（3）认识新中国成立后不同历史时期小学科学（自然）课程标准（教学大纲）和教科书中环境教育内容背后所呈现的自然观和人与自然的关系。

（4）认识新中国小学科学（自然）教科书中环境教育内容背后所呈现的自然观和人与自然的关系的演进路径、特征及存在的不足。首先是对课程标准进行初步分析，从人与自然关系的角度对小学科学课程的发展进行历史分期，之后对不同历史时期的具有代表性的课程标准（教学大纲）和小学科学（自然）教科书中蕴含的人与自然的关系进行分析，认识不同历史时期小学科学（自然）教科书中蕴含的人与自然的关系的内容、特征及存在的问题。在此基础上应用新制度经济学的路径依赖理论探讨新中国小学科学（自然）教科书中人与自然的关系发展脉络、路径。

（5）认识先行小学科学（自然）教科书中环境教育内容背后所呈现的人与自然的关系的现状、特征及存在的问题，并提出改进策略。本研究应用自然观（人与自然关系）的分析框架对先行的小学科学（自然）课程标准和教科书中所蕴含的自然观进行分析，认识其特征、存在的问题，从而为小学科学课程改革和教科书的修订提出必要的建议。

（6）对未来小学科学（自然）课程（包括课程标准和教科书）中所呈现的人与自然的关系进行展望，对环境教育的未来研究路径进行展望。通过对小学科学（自然）课程中自然观（人与自然关系）演进的历史研究、对现实小学科学教科书中自然观的探讨，对未来小学科学课程中所呈现的人与自然的关系进行展望。与此同时，在此基础上对环境教育的未来走向进行展望，为环境教育研究提供可能的指南。

第六节　研究的内容

本书的研究内容包括以下几个方面。

（1）研究环境教育和“人—自然”观之间的关系。需要借助环境伦理学、环境哲学与环境社会学等理论去理解环境教育与“人—自然”观之间的关系。如何看待人与自然的关系影响着人们对环境问题的认识，也影响着环境保护的成败。如果仅仅从人类中心主义出发，仅仅从人类的利益出发去认识、面对环境问题，环境将会愈发恶化。

（2）研究新中国成立后不同历史时期小学科学（自然）课程标准（教学大纲）和教科书中环境教育内容背后所呈现的自然观和人与自然的关系。课程标准（教学大纲）是教科书编写的总依据，同时课程标准（教学大纲）也体现了某一个时代或者时期人们的主流价值取向。

（3）研究新中国小学科学（自然）教科书中环境教育内容背后所呈现的自然观与人与自然的关系的演进路径、特征及存在的不足。

（4）分析现行小学科学教科书中环境教育内容背后所呈现的人与自然的关系的现状、特征及存在的问题，并提出改进策略。

（5）对未来小学科学课程（包括课程标准和教科书）中所呈现的人与自然的关系进行展望，对环境教育的未来研究路径进行展望。

第七节　研究的思路

本书的研究思路如图 1-3 所示。

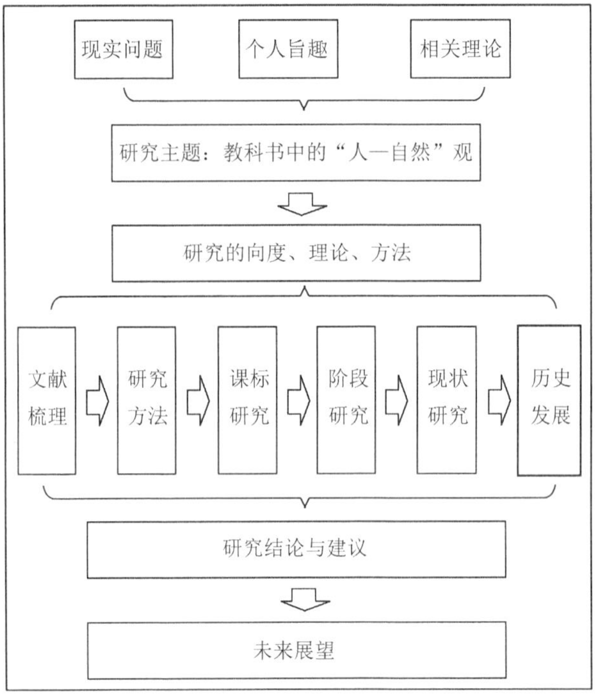

图 1-3　研究思路

第一，环境问题是当今社会的重要问题，为诸多学科所关注，包括伦理学、社会学、语言学、教育学、经济学、历史学等。同时，自 20 世纪 70 年代环境问题进入教育领域，成为教育和教育研究的重要主题。随着时代的发展、对环境问题认识的深入、环境教育方式的多样化及环境教育发展存在的困境，人们对环境教育研究也提出了更高的要求。环境伦理学、环境社会学等的研究为环境教育研究的深入提供了可能。同时，笔者之前对国际环境教育多有关注[①]。在这样的背景下，基于现实的环境问题、环境教育问题，以及相关的环境哲学、环境伦理学、环境社会等理论，以及个人的研究旨趣，确立了本书的研究主题：理科教科书中的“人—自然”观问题，拟通过对教科书中“人—自然”观的透视认识教科书所呈现的环境教育内容。

第二，确定了研究的主题之后，笔者选择了小学科学教科书作为研究的对象。之所以选择小学科学教科书是基于如下考虑：小学科学教科书综合性强，囊括了多学科的知识，而中学理科教学则是按照分科进行的，教科书也是分科编写的。选择小学科学则更容易聚焦。同时，笔者选择从历史的向度展开研究，之所以选择从历史的向度展开研究，是因为人与自然的关系是历史发展的，在不同的历史时期或者不同历史阶段的小学科学（自然）教科书中所呈现的人与自然的关系是存在差异的，那么教科书中“人—自然”观是如何演进与发展的就成为一个重要问题。同时，教科书中存在着文字和图片两种符号，因此笔者选择了话语分析、内容分析等方法对教科书内容背后的“人—自然”观进行研究。

第三，对相关文献进行梳理，包括环境伦理学、环境哲学、环境社会学、生态语言学、环境教育等相关研究文献。一是清理“地基”，确定研究的起点；二是梳理相关研究能够为后续研究提供智力支持。笔者对文献进行梳理之后确立了具体的研究方法和分析框架。

第四，本研究首先对新中国成立后不同历史时期的小学科学（自然）课程标准（教学大纲）中与“人—自然”观有关的话语进行分析，以确定小学科学（自然）课程“人—自然”观发展的阶段，以及不同阶段小学科学（自然）课程中“人—自然”观的内容与特征。之后在每个阶段选择有代表性的小学科学（自然）教科书作为研究样本，并对其中的环境教育内容展开研究，分析其背后蕴含的“人—自然”观。同时对现行（2017 年之后出版）的小学科学教科书中的“人—自然”观进行研究，认识其特征，发现其可能存在的不足。

---

① 郭桂周，于海波，孟昭辉．与环境教育的互动：国际科学教育发展的一个新趋势［J］．外国中小学教育，2012（4）：13-18.

第五，根据前面的研究，梳理我国小学科学（自然）教科书中“人—自然”观的发展历程，应用相关理论（如路径依赖理论等）对其发展特征进行分析，并根据前面的研究，得出研究结论与建议。

第六，分析本研究存在的局限性与不足，并对未来研究进行展望。

第二章

理论基础与研究设计

第一节　理论基础

一、环境伦理学

环境伦理学相关研究指出，在现代机械论哲学和“主—客”二元对立思维的作用下，自然是客体，是一个没有经验、没有情感、毫无灵性、呆板、单调的存在，不具有自我维护、完善自身的功能。而人是主体，是神性、无畏的存在。人是大自然中唯一具有主体性和内在价值的存在物，人类在价值意义上处于自然的中心。自然界的一切事物都是为满足人类利益服务的。现代主体性包括：以自我为中心的占有性个体主义；以统治自然为目标的人类中心论；不包括交互主体性的单独主体性。这种“现代主体性”导致了人与自然和人与人之间关系的紧张性。以往的环境保护运动只是着眼于保护与人类有关的生态环境，而不是保护所有物种的生态环境。环境保护建立在其他物种对人类的有用性上，这正是以往资源保护运动的失败之处。

环境伦理学包括诸多理论，深层生态学、生物中心论、动物解放论等为我们认识人与自然的关系提供了丰富、新颖的视角，同时为本研究的展开提供了理论依据。

二、话语分析理论

最近几十年，人文社科领域实现了一场研究范式的“话语转向”。话语不是“由漫无目的地选择词汇和陈述构成的，而是按照一定的规则建构起来的语言，这些规则有助于形成各种产生特定话语的实践活动”。话语不仅用来传递信息，交流思想，表达情感，反映社会现象，更重要的是话语能对社会进行建构①。

话语分析就是对那些已经实际表达出来的东西到底是以怎样的方式、按照怎样的规则被说出、被传播的过程加以分析，“话语分析是执行一项人类重要任务的方法——深入思考我们给他人的话语所赋予的意义”②。

① 刘茂军，孟凡杰．教育话语分析：教育研究的新范式［J］．教育学报，2013（5）：30-36.

② 刘茂军，孟凡杰．教育话语分析：教育研究的新范式［J］．教育学报，2013（5）：30-36.

批判话语分析是人文社会科学领域的一种重要研究方法。所谓批判话语分析，是指把语言当作一种社会实践形式，聚焦文本和会话中社会和政治统治的生产与再生产路径，并吸收和使用人文科学及社会科学的多种研究方法进行的跨学科研究①。所谓话语，不仅指运用于口语和书写的语言，而且关注交际事件的其他符号维度，例如图画、电影、声乐等，但重点关注权力、统治和不平等关系是如何通过文本和会话被社会团体成员再生产和反抗的②。所谓批判，是指针对社会问题，通过研究话语与社会之间、话语秩序和社会秩序之间的辩证关系，揭示话语中的不平衡、不对称的利益和权力结构及意识形态动机、结构和目的。这里的"批判"不是简单的"批评"，而是富有社会变革或建构意义的话语实践，它主要研究语言是怎样或以什么方式使事物有意义等③。它涉及对书写文本及口语的研究，以呈现权力、支配、不平等和偏见的来源，以及它们是如何在特定的社会、经济、政治和历史情境中被发起、维持、再生产和传播的④。

批判话语分析认为，"话语"不仅包括"可观察的"言语或非语言特征、社会交往、言语行为，而且包括在话语生产和理解过程中运用的认知再现和策略。同时，它秉持一种有关文本和语境相互关系的批判立场，借助语言、话语和交往的社会—政治性意识和批判方法，进行理解和解释，尤其应当指出的是，它为有效参与实践的研究提供直接的方法论指导⑤。

英国批判语言学家诺曼·费尔克拉夫的批判话语分析包含了从微观到宏观的三个研究维度，即"文本""话语实践"和"社会实践"。文本是话语实践的产物，话语实践是文本的生产分配消费过程，而话语实践是由社会实践所决定的。在特定的社会情境中，社会实践通过整合具体的物质条件、社会关系、价值体系和话语，建构起一系列社会选择与排

---

① 肖绍明，扈中平．批判话语研究及其教育学意义［J］．高等教育研究，2013（7）：50-55.

② 肖绍明，扈中平．批判话语研究及其教育学意义［J］．高等教育研究，2013（7）：50-55.

③ 肖绍明，扈中平．批判话语研究及其教育学意义［J］．高等教育研究，2013（7）：50-55.

④ 郭桂周，易娜伊，赵忠平．警惕新自由主义的幽灵：美国 STEM 教育政策价值取向的批判话语分析［J］．外国中小学教育，2018（12）：1-8.

⑤ 肖绍明，扈中平．批判话语研究及其教育学意义［J］．高等教育研究，2013（7）：50-55.

序机制（如图 2-1 所示）[①]。

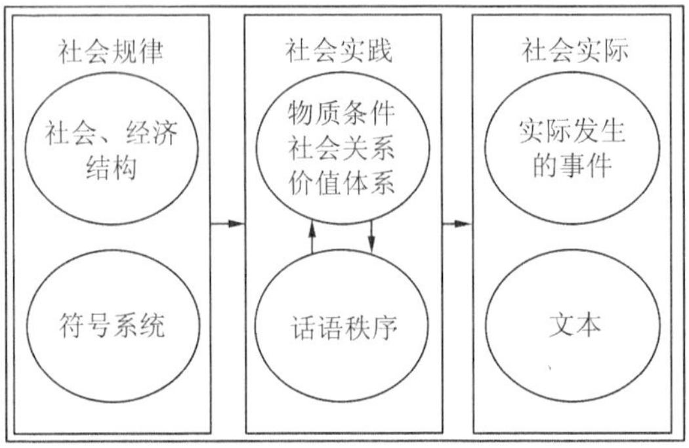

图 2-1　费尔克拉夫的话语理论模型

在费尔克拉夫所建构的分析模型中，“话语实践”是联结文本与社会、文化的关键中介物。所谓“话语实践”，指的是话语的生产者、阐释者和传播者如何使用社会资源来进行话语的生产、阐释和传播。这里最为关键的两个概念是话语的“体裁”（Genre）与互文（Intertextual）分析[②]。在此基础上，费尔克拉夫提出了描写（description）、阐释（interpretation）和解释（explanation）三个话语分析步骤（如图 2-2 所示）[③]。

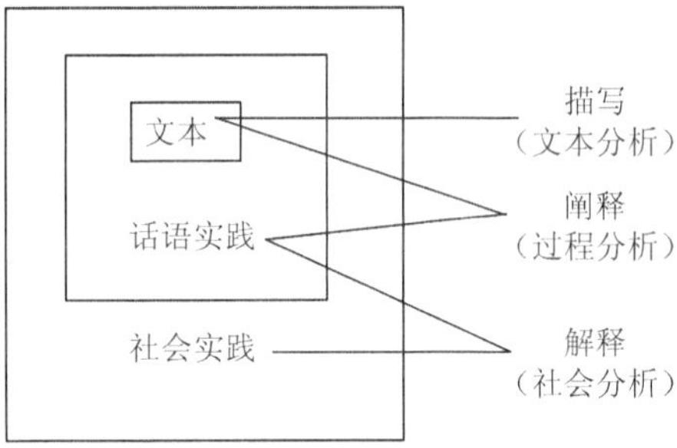

图 2-2　费尔克拉夫的三维分析模型

① 王熙．批判性话语分析对教育研究的意义［J］．教育研究，2010（2）：41-46.

② 王晓芳，黄丽锷．中小学教师如何理解“教师科研”：话语、身份与权力［J］．教育学报，2015（2）：43-54.

③ 程军，高文豪．美国公立大学使命宣言的话语变迁：基于语料库的批判话语分析［J］．比较教育研究，2017（3）：14-25.

教育话语分析不是简单地去研究教育话语的语法等语言层面的问题，而是通过话语分析来考察教育及教育话语生成和演变的发展规律与机制，强调其社会性和历史性，用批判的视角研究其对教育理论与实践的指导意义①。

三、知识社会学

知识社会学主要是探讨知识（包括思想、观念等）与社会结构、社会存在的关系。根据曼海姆的理论，知识社会学就是要对某一种知识进行完整而丰富的“时代社会—知识类型—社会行动”一般关系的社会学钩沉。它包括：确定某种知识的形态学；重建它的历史和社会根基；在与负载群体的社会命运的关系中考察这种知识的形式的变化；展示它迄今为止在整个精神生活中的流布和影响范围②。

具体到我们的研究问题“新中国小学科学（自然）教科书中的自然观的发展”的知识社会学研究包括以下几个方面的内容：

（1）价值取向的静态文本澄明。新中国不同历史时期小学科学（自然）教科书中的自然观的文本研究，考察不同历史时期小学科学（自然）教科书中的自然观内容究竟呈现了何种价值取向，需要运用到话语分析的研究方法。

（2）自然观发端的社会基础考察。即小学科学（自然）教科书中的自然观是在怎么样的时代背景下发轫的？它得以产生的社会学基础何在？

（3）自然观的形态学研究。即描绘小学科学（自然）教科书中的自然观的形态学结构。主要考察小学科学（自然）教科书中的自然观的基本设计是什么、它的理论核心是什么。这需要在具体的社会历史空间中重建小学科学（自然）教科书中的自然观的发展历程，细致而动态地描绘这一思想所经历的每一个阶段，描述其倡导者是如何宣传其教育主张并逐步推动教育发展的。

（4）小学科学（自然）教科书中的自然观的社会流布研究。考察不同时期小学科学（自然）教科书中的自然观在社会历史时空精神生活中

---

① 刘茂军，孟凡杰．教育话语分析：教育研究的新范式［J］．教育学报，2013（5）：30-36.

② 易娜伊，郭桂周，周云．国际理解视域下英语教科书价值取向［J］．北京教育学院学报，2017（3）：29-34.

的流布和影响范围。讨论它的社会影响及其局限性。即不同历史时期的小学科学（自然）教科书中的自然观是如何在社会中传播并影响着人们对相关问题的理解的。

四、路径依赖理论

路径依赖是新制度经济学中解释制度变迁的一个重要理论，特指“新的观念一旦在既定的框架下得以确立，往往会沿袭既定的路径持续运行，可能进入良性运行的轨道并迅速优化，也可能被锁定在某种无效率的初试状态”①。道格拉斯·诺斯等认为，提供激励和约束是制度最基本的功能，现实社会中人的理性是有限的，制度作为具有一定稳定性的规则体系，能减少不确定性，约束主体追求福利或效用最大化的个人行为。特定社会环境下的制度供给和需求呈现出“均衡—失衡—均衡”的周期变化形态②。具体来说，制度变迁中路径依赖的过程呈现出三个明显的特征。一是多重均衡。制度的发展存在两个或更多的路径，初始路径的选择是多元的，偶然性因素在一定程度上左右了路径的选择和制度变迁方向。二是可能无效。制度设计者的有限理想和宏观环境的影响决定了初始制度往往并非最优，而是特定条件下博弈的结果③。但是，由于正反馈机制的作用，初始制度体系一旦形成，其具有的“先发优势”通常会转变为“占领优势”。即使外在条件发生变化，出现更优的可供选择的制度，人们也难以为其所动。三是制度的自我强化机制。已经确立的制度嵌入与之相连的制度矩阵，演进中各要素间的依存、互动所导致的报酬递增会影响后面的制度变迁，使得旧制度不断自我强化而享有持续存在的空间，甚至形成制度锁定④。之所以会出现制度依赖，是因为制度的回报递增率，旧制度使得行动者通过成本投资、协同效应、学习效应和适应性预期得到回报递增，因而行动者难以从这种路径条件中跳脱

① 牛风蕊，张紫薇．中国博士后制度演进中的路径依赖及其突破：基于新制度经济学理论的分析视角［J］．高等教育管理，2018（1）：20-26.

② 牛风蕊，张紫薇．中国博士后制度演进中的路径依赖及其突破：基于新制度经济学理论的分析视角［J］．高等教育管理，2018（1）：20-26.

③ 牛风蕊，张紫薇．中国博士后制度演进中的路径依赖及其突破：基于新制度经济学理论的分析视角［J］．高等教育管理，2018（1）：20-26.

④ 牛风蕊，张紫薇．中国博士后制度演进中的路径依赖及其突破：基于新制度经济学理论的分析视角［J］．高等教育管理，2018（1）：20-26.

出来进行新制度改革①。

路径依赖是架构过去、现在和未来之间的桥梁，制度变迁的路径依赖是历史制度主义的分析范式，通过对政策选择、变更、替代等历史轨迹的回顾，阐明过去对现在和未来的影响②。

路径依赖理论能够帮助我们分析和解释新中国成立后小学科学（自然）教科书中的自然观演进路径，帮助我们解释为什么在很长的时间内教科书中的自然观没有发生变化。

第二节　研究设计

一、研究的方法

（一）文献法

在本研究中，主要是通过搜集、整理、分析与“自然观”“人与自然的关系”“环境教育”“理科课程中的自然观”、环境伦理学、环境哲学及话语分析相关的文献，首先对“自然观”“人与自然的关系”与环境问题之间的关系做较为系统的梳理，从而为后续对小学科学（自然）教科书中的自然观的分析奠定坚实的理论基础，也为后续的研究展开提供必要的理论支撑、智慧支持和方法支持。

（二）内容分析法

我国台湾学者欧用生指出，内容分析法是以客观及系统化的态度，对文件内容进行分类、统计、分析，以计量的方法，及次推论产生该项文件内容的环境背景及意义，是传统上教科书研究最常使用的研究方法③。内容分析法的运用，最重要的是选择或者开发一个符合研究主体需要、相对科学合理规范的内容检查表，该检查表能够帮助研究者全面客观地对与研究主题相关的内容进行统计、归类，然后展开分析。内容分析法的主旨是，通过对教科书或者其他文本材料中“有什么内容、没

① 冯元，俞海宝．我国特殊教育政策变迁的历史演进与路径依赖：基于历史制度主义分析范式［J］．教育学报，2017（3）：92-101．

② 左崇良，游其胜．教师编制政策的制度变迁和路径依赖［J］．教育学术月刊，2017（1）：51-58．

③ 郭桂周，易娜伊，周云．我国中学物理教科书中科学家形象建构的实证研究：以人教版初中物理教科书为例［J］．教育导刊，2018（10）：52-57．

有什么内容；什么内容多，什么内容少”的检视，分析教科书内容背后所体现的价值取向、意识形态等。

（三）话语分析法

在本研究中，笔者选择的研究工具是 Darren G. Hoeg 等建构的批判话语分析框架。该框架运用五种策略对话语进行分析，从而探讨话语背后的价值取向，分别是：a. 前提性假设；b. 通过话语表达的意义；c. 内部联系；d. 探究语言何以产生某种特定的效果或意义；e. 认知与表达的优先方式。同时该框架提供了具体的分析策略①。该框架较为全面，并且可操作性强（如表 2-1 所示）。

表 2-1 批判话语分析框架②

批判话语分析方法的维度	具体分析策略
a. 前提性假定	该策略试图阐明文本的言外之意。这些文本包括它到底是什么（即本体论）的主张、建设性的假定（将会发生什么）和价值负载性假定。是否支持某种假定的观点还是其他非假定的观点？
b. 通过话语表达的意义	在这种策略下，每一个主张被看作是仅仅通过言语本身表达意义，而不是通过历史的、社会文化框架表达了其他意义。它有助于确定假定及那些被认为理所当然的事物
c. 内部联系	它涉及从句、言语、句子、语法关系之间的语义学联系（一事物对另一事物的主从关系）及术语之间的词汇关系（一个词随着另一个词出现）
d. 探究语言何以产生某种特定的效果或意义	如果某个主张从语法学意义上重写或一些词被类似的词代替，该主张表达的含义将如何变化？这种书写方式如何对某种效果或意义产生影响？
e. 认知与表达的优先方式	某个主张如何使一个符号或知识系统优先于其他系统？某种认知方式或表述是否处于边缘位置或者完全缺席？

① 郭桂周，易娜伊，赵忠平．警惕新自由主义的幽灵：美国 STEM 教育政策价值取向的批判话语分析［J］．外国中小学教育，2018（12）：1-8.

② 郭桂周，易娜伊，赵忠平．警惕新自由主义的幽灵：美国 STEM 教育政策价值取向的批判话语分析［J］．外国中小学教育，2018（12）：1-8.

笔者首先对小学科学（自然）课程标准（教学大纲）及小学科学（自然）教科书中与环境教育、人与自然关系有关的内容（话语）进行扫描，然后用上面的框架进行分析，从而帮助我们认识相关内容背后所蕴藏的人与自然关系。

（四）历史研究法

运用历史方法探究教育本质，揭示和掌握教育发展的客观规律，是教育科学研究的重要手段之一。列宁说："为了解决社会科学问题……为了用科学眼光观察这个问题，最可靠、最必需、最重要的就是不要忘记基本的历史联系，要看某些现象在历史上怎样产生，在发展中经过了哪些主要阶段，并根据它的这种发展去考察它现在是怎样的。"[①] 历史研究法，就是运用历史史料，按照历史发展的顺序对过去的事件展开研究的方法，也称为纵向研究法。

在本研究中，笔者首先对新中国成立后不同历史时期小学科学（自然）教科书中的人与自然关系的内容及特征进行分析，之后从历史的角度对新中国成立后小学科学（自然）教科书中的人与自然关系的发展与演进的历程进行探讨，并指出我国现行小学科学教科书所呈现的人与自然的关系存在的问题，并为未来小学科学课程改革和教科书的修订提出的建议。

二、样本的选择

从 1949 年至今，我国教育部共颁布了 10 个小学科学（自然）课程标准（教学大纲），与之相对应共出版了 10 种小学科学（自然）教科书。从所呈现的自然观的角度来看，我国小学科学（自然）课程中的自然观大致可以分为三个阶段，即：人类中心主义自然观、浅层生态自然观和进阶的浅层生态自然观。

第一阶段选择的教科书是：

① 1953 年人民教育出版社出版的小学《自然》教科书；

② 1957 年人民教育出版社出版的小学《自然》教科书；

③ 1964 年人民教育出版社出版的小学《自然》教科书。

① 高时良．教育的历史研究方法述略［J］．教育评论，1985（5）：23-28.

第二阶段选择的教科书是：

① 1977 年人民教育出版社出版的小学《自然》教科书；

② 1982 年人民教育出版社出版的小学《自然》教科书；

③ 1992 年人民教育出版社出版的小学《自然》教科书。

第三阶段选择的教科书是：

① 2001 年江苏教育出版社出版的小学《科学》教科书；

② 2017 年人民教育出版社出版的小学《科学》教科书。

同时，笔者选择美国选用最多的小学科学教科书《科学启蒙》展开研究，以期望为我国提供必要的启示与借鉴。

第三章

人类中心主义：

1950—1976 年小学自然教科书中的“人—自然”观研究

小学科学相关的内容最初以国家法定文件的形式出现在1904年的《奏定初等小学堂章程》中，其时，科学被称为“格致”，其“要义在知道动物植物矿物等类之大略形象质性，并各物与人之关系。以备有益日用生计之用”①。《奏定初等小学堂章程》对教学内容及教学次序做了粗略的规定。由此可见，彼时之“格致”受到“中学为体，西学为用”指导思想的影响，小学“格致”课程及教学偏于功利，以服务于生活、生计为主。该章程主要学习日本，较为粗略。从1904年到1949年，清政府和之后的北洋政府、南京国民政府共颁布了九份课程标准或者课程纲要，同时也翻译、编辑了一些自然教科书。这些课程标准或课程纲要虽然由于战乱等多方面原因并没有得到很好的实施，但是对小学科学（自然）课程的发展也进行了有益的探索，为新中国成立后小学自然课程的建设与发展奠定了一定的基础。

1949年新中国成立，标志着我国从一个半殖民地半封建社会向社会主义国家过渡。新中国成立初期，百废待兴，社会各个部门和机构要恢复秩序，转变到正常轨道上来，一方面，为社会主义制度的确立和巩固做出贡献，另一方面，为人民安定生活提供保障。在这种情况下，一方面，教育事业需要恢复正常秩序，另一方面，需要对原有的教育进行改革，使之符合社会主义建设的需要。在这种情况下，尽快制定新中国的教育方针及教学大纲，编写符合实际教学需要的各级各类教材就成为当务之急。

第一节　1950年的小学自然课程标准和1953年版小学自然教科书中的“人—自然”观研究

1950年7月，中华人民共和国教育部制定了六年制《小学课程暂行标准初稿》，这是新中国第一个课程标准。该标准规定小学一、二年级不单设自然课程，三、四年级设常识课程，五、六年级设自然课程，同时颁布了《小学中年级常识课程暂行标准初稿》和《小学高年级自然课程暂行标准初稿》②。其中，1950年出版的《小学高年级自然课程暂行标准

① 课程教材研究所. 20世纪中国中小学课程标准·教学大纲汇编：自然·社会·常识·卫生卷［M］. 北京：人民教育出版社，2001：3.

② 课程教材研究所. 新中国中小学教材建设史（1949—2000）研究丛书：自然·社会卷［M］. 北京：人民教育出版社，2012：9-10.

初稿》的课程目标是："一、指导儿童获得基本的自然科学常识；克服对自然的神秘迷信，树立从理解自然以利用自然、改造自然，使适合人类社会要求的观点和信念。二、指导儿童获得初步的生产常识；增进用科学的思想方法和态度，以观察、研究、实验、创造的兴趣和能力。三、指导儿童获得简单的生理卫生和普通医药等常识，养成重视个人保健、公共卫生的意识和习惯。"① 根据该课程标准，人民教育出版社对开明书店出版的《高级小学自然课程》进行了修订并出版，供全国小学高年级（五、六年级）学生使用②。

一、1950 年的小学自然课程标准中的"人—自然"观研究

1950 年的小学自然课程标准中规定的教学内容包括：（1）自然现象、自然物，包括：水的常识、空气的常识、火的常识、生物常识和天文常识；（2）浅易物理，包括光的常识、声学常识、电学常识；（3）简单生产制造，包括：食用品常识、工矿常识、衣的常识、工业常识、军事常识；（4）生理卫生，包括：生理卫生常识、医药常识等。

笔者首先对 1950 年的小学自然课程标准中的与"人—自然"关系有关的内容进行扫描、统计，之后展开进一步分析（表 3-1）。

表 3-1　1950 年的小学自然课程标准中与"人—自然"观有关的内容

序号	相关内容
1	指导儿童获得基本的自然科学常识，克服对自然的神秘迷信，树立从理解自然以利用自然、改造自然，使适合人类社会要求的观点和信念
2	水的灾害和水力的利用
3	风的灾害和风力的利用
4	微生物和传染病
5	使儿童知道自然虽然在不断地变化着，但人类还是可以理解它、改造它，使它适合人类社会的要求

① 课程教材研究所 .20 世纪中国中小学课程标准・教学大纲汇编：自然・社会・常识・卫生卷［M］. 北京：人民教育出版社，2001：41.

② 课程教材研究所 . 新中国中小学教材建设史（1949—2000）研究丛书：自然・社会卷［M］. 北京：人民教育出版社，2012：16.

笔者选择运用批判话语分析的方法对课程标准中与“人—自然”观有关的内容进行批判话语分析。选择的研究工具是 Darren G. Hoeg 等建构的批判话语分析框架。通过话语分析，我们可以发现，1950 年的小学自然课程标准中呈现的是人利用自然、征服自然和改造自然的人类中心主义的“人—自然”观：

（1）该课程标准以“主体—客体”二元对立的思维为指导，呈现出的人与自然关系是：人是主体，自然是客体，自然是被利用和改造的对象。

（2）水、风等都是被利用的客体、对象，并且水、风等对人类来说都是危险的。同样，微生物能够传播传染病，因此对于人类来说也是危险的存在。

二、1953 年版小学《自然》教科书中的“人—自然”观

以 1950 年的小学自然课程标准为指导，1953 年我国“以苏联教材为蓝本”编写并出版了一套《高级小学课本・自然》，该教材共分上、下两册，编写者为方宗熙、陈同新等（图 3-1）。该教材共包括 6 部分内容，其中上册包括水、空气和电，下册包括矿物、土壤和生理卫生。之后在修订过程中又将该教材改为 4 册，由一年一册改为一学期一册。

图 3-1　1953 年版的小学《自然》教科书

该教科书具有如下 3 个方面的特征：

（1）设计了“绪论”内容，确立自然教学的基本宗旨。绪论课用简练、生活化的语言讲述了什么是动物、什么是大自然、大自然与人类的关系及为什么要学习自然科学，其中“了解大自然，利用大自然，改造大自然，使大自然更好地为人类服务”① 是自然教学的核心思想。

（2）借鉴了苏联“自然”课本的内容，同时增加了符合中国国情、有助于进行爱国主义教育的内容②。图 3-2 和图 3-3 呈现的是当时我国的水井和进洪闸。

图 3-2　改良的水井

图 3-3　湖北省荆江太平口进洪闸

① 方宗熙，等．高级小学课本——自然（上册）[M]．北京：人民教育出版社，1953：1-2.

② 课程教材研究所．新中国中小学教材建设史（1949—2000）研究丛书：自然·社会卷[M]．北京：人民教育出版社，2012：50.

（3）教科书内容仅限于无生物知识。1953 年版的小学《自然》教科书中既没有地球上植物、动物方面的知识，也没有地球以外天体的知识①。

笔者对 1953 年版小学《自然》教科书中与“人—自然”观有关的内容进行扫描、统计，并运用内容分析法展开进一步分析（表 3-2）。

表 3-2　1953 年版小学《自然》教科书中与“人—自然”观有关的内容统计

序号	册数	章节	内容	页码
1	上册	绪论	自然科学是非常宝贵的知识，它帮助我们正确地了解大自然，利用大自然，改造大自然，使大自然更好地为人类服务	P2
2		五　水中的微生物	水中的微生物有很多种……跟我们有直接关系的，是一些会使人生病的微生物	P9
3		七　怎样保护井水和河水的清洁	为了保护井水的清洁，井应该开在干净的地方，远离厕所和阴沟，越远越好，至少要距离四五丈	P11
4			为了保护河水的清洁，也必须防止污水和污物流入河里	P13
5		八　自来水	过滤过的水可能含有病菌，所以必须加入药品消毒，把病菌杀死	P14
6		一二　水力的利用	利用水力发电，可以节省燃料，这是最便宜的事。我国还有许多河流可以利用发电，帮助伟大祖国的建设	P20
7		一三　人跟河流作斗争	洪水是我们的敌人，我们要想出办法来跟它作斗争。在旧中国时代，洪水是不能征服的天灾，它比猛兽还要凶，年年害人民	P21
8			这样，长期为害的洪水变成了水利，变成了我们的财富	P22
9		二一　水在自然界里的循环	水在江河里不断地流，我们可以在溪涧上安装水磨，在河流的适当地点修建水力发电厂，叫水为我们服务	P32

① 课程教材研究所．新中国中小学教材建设史（1949—2000）研究丛书：自然·社会卷［M］．北京：人民教育出版社，2012：49.

续表

序号	册数	章节	内容	页码
10	上册	二五　冰	夏天，冰也有用处。冰可以用来保藏食物，使食物不容易腐败	P38
11		二九　冰雹	冰雹落到田地里，常常打坏庄稼，影响收成。有时候打伤人和牲畜，打坏房屋	P43
12		三十　水的三态	无论水在什么状态，我们都能够利用它来为我们服务	P44
13		一四　风	台风能吹倒屋子，拔起树木，造成很大的灾害。在海洋中，这种风很危险，能够掀起很大的风浪，把船只打沉	P64
14		一五　风力的利用	人们就制造风车，利用风的力量吹动巨大的车翼，使石磨转动，把麦或者米磨成粉	P64
15	下册	一八　煤的用途	煤的用途这么大，所以各国都大量开采……我们的煤矿正在有计划地开采，产量一天一天地增加	P32
16		一七　跟传播疾病的昆虫作斗争	为了保持我们的健康，我们必须消灭传播疾病的昆虫	P97
17			我们跟传播疾病的昆虫作斗争，取得了巨大的胜利，消灭了霍乱，阻止了天花和鼠疫的流行	P98

笔者选择运用内容分析法对1953年版的小学《自然》教科书中的自然观进行分析。运用的框架是由希腊学者Rea Lemoni等于2011年开发的教科书自然观分析框架。

首先，我们将教材中与自然观有关的内容进行扫描与统计，发现共有17处与自然观有关的内容，之后笔者将这些内容分别归类到不同的二级维度下面（表3-3）。

表 3-3　1953 年版小学《自然》教科书中自然观分维度统计

<table>
<tr><th>一级维度</th><th>二级维度</th><th>统计</th></tr>
<tr><td rowspan="4">1. 对自然的隐喻</td><td>1.1 生态平衡隐喻</td><td>0</td></tr>
<tr><td>1.2 动态生态隐喻</td><td>17</td></tr>
<tr><td>1.3 生态网络隐喻</td><td>0</td></tr>
<tr><td>1.4 生命竞争隐喻</td><td>0</td></tr>
<tr><td rowspan="3">2. 对自然的描述①</td><td>2.1 友好型自然</td><td>1</td></tr>
<tr><td>2.2 危险型自然</td><td>9</td></tr>
<tr><td>2.3 中性的自然</td><td>7</td></tr>
<tr><td rowspan="2">3. 自然的类型</td><td>3.1 自然环境</td><td>7</td></tr>
<tr><td>3.2 人工环境</td><td>11</td></tr>
<tr><td rowspan="2">4. 自然的价值</td><td>4.1 内在价值</td><td>0</td></tr>
<tr><td>4.2 资源价值</td><td>17</td></tr>
<tr><td rowspan="4">5. “人—自然”的关系</td><td>5.1 人控制自然的关系</td><td>11</td></tr>
<tr><td>5.2 人保护自然的关系</td><td>2</td></tr>
<tr><td>5.3 相互依赖的关系</td><td>0</td></tr>
<tr><td>5.4 自然控制人的关系</td><td>4</td></tr>
</table>

（1）对自然的隐喻

教科书所呈现的全部是动态生态的自然观，共 17 次。生态平衡、生态网络、生命竞争的自然观全部都没有出现。如教科书上册“七　怎样保护井水和河水的清洁”中的“为了保护井水的清洁，井应该开在干净的地方，远离厕所和阴沟，越远越好，至少要距离四五丈”“为了保护河水的清洁，也必须防止污水和污物流入河里”表明，井水和河水如果不加保护，都是可能被污染的。教科书下册“一七　跟传播疾病的昆虫作斗争”中的“我们跟传播疾病的昆虫作斗争，取得了巨大的胜利，消灭了霍乱，阻止了天花和鼠疫的流行”同样呈现了动态生态的自然观。

（2）对自然的描述

教科书所呈现的自然中，友好型自然出现了 1 次，危险型自然出现

① Rea Lemoni 等（2011 年）开发的教科书自然观分析框架与 Kostas J. Korfiatis 等（2003 年）构建的自然形象的分析框架在对一级维度“对自然的描述”的用词上有所不同，Rea Lemoni 等的分析框架中“对自然的描述”写作“对自然的情感”，为了保持全书的一致性，以便读者理解，后文中统一使用“对自然的描述”。

了 9 次，中性的自然出现了 7 次。也就是说，教科书所呈现的自然以危险型自然为主。

教科书上册“二五　冰”中的“夏天，冰也有用处。冰可以用来保藏食物，使食物不容易腐败”呈现的是友好型自然，表明冰对人类是有益的。

教科书上册“五　水中的微生物”中的“水中的微生物有很多种……跟我们有直接关系的，是一些会使人生病的微生物”，“八　自来水”中的“过滤过的水可能含有病菌，所以必须加入药品消毒，把病菌杀死”，以及“一三　人跟河流作斗争”中的“洪水是我们的敌人，我们要想出办法来跟它作斗争。在旧中国时代，洪水是不能征服的天灾，它比猛兽还要凶，年年害人民”，都呈现了危险型自然。

教科书上册“一二　水力的利用”中的“利用水力发电，可以节省燃料，这是最便宜的事。我国还有许多河流可以利用发电，帮助伟大祖国的建设”，“二一　水在自然界里的循环”中的“水在江河里不断地流，我们可以在溪涧上安装水磨，在河流的适当地点修建水力发电厂，叫水为我们服务”，以及“一五　风力的利用”中的“人们就制造风车，利用风的力量吹动巨大的车翼，使石磨转动，把麦或者米磨成粉”，呈现的都是中性的自然。

（3）自然的类型

在自然的类型中，自然环境出现了 7 次，人工环境出现了 11 次。部分内容同时呈现了自然环境和人工环境。

上册“一三　人跟河流作斗争”中的“洪水是我们的敌人，我们要想出办法来跟它作斗争。在旧中国时代，洪水是不能征服的天灾，它比猛兽还要凶，年年害人民”，“一四　风”中的“台风能吹倒屋子，拔起树木，造成很大的灾害。在海洋中，这种风很危险，能够掀起很大的风浪，把船只打沉”呈现的主要是自然环境。

“七　怎样保护井水和河水的清洁”中的“为了保护井水的清洁，井应该开在干净的地方，远离厕所和阴沟，越远越好，至少要距离四五丈”，“一二　水力的利用”中的“利用水力发电，可以节省燃料，这是最便宜的事。我国还有许多河流可以利用发电，帮助伟大祖国的建设”，以及“二一　水在自然界里的循环”中的“水在江河里不断地流，我们可以在溪涧上安装水磨，在河流的适当地点修建水力发电厂，叫水为我们服务”呈现的都是人工环境。

（4）自然的价值

在自然的价值中，自然的资源价值出现了 17 次，内在价值呈现了 0 次。也就是说，教科书所呈现的全部是自然的资源价值。

“一二　水力的利用”中的“利用水力发电，可以节省燃料，这是最便宜的事。我国还有许多河流可以利用发电，帮助伟大祖国的建设”，“二一　水在自然界里的循环”中的“水在江河里不断地流，我们可以在溪涧上安装水磨，在河流的适当地点修建水力发电厂，叫水为我们服务”，以及“一八　煤的用途”中的“煤的用途这么大，所以各国都大量开采……我们的煤矿正在有计划地开采，产量一天一天地增加”呈现的全部是自然的资源价值。

（5）“人—自然”的关系

教科书所呈现的“人—自然”关系中，“人控制自然的关系”出现了 11 次，“人保护自然的关系”出现了 2 次，人与自然“相互依赖的关系”出现了 0 次，“自然控制人的关系”出现了 4 次。也就是，教科书所呈现的主要是人控制自然的关系，人保护自然的关系、自然控制人的关系也有一定程度的呈现。

“绪论”中的“自然科学是非常宝贵的知识，它帮助我们正确地了解大自然，利用大自然，改造大自然，使大自然更好地为人类服务”，“二一　水在自然界里的循环”中的“水在江河里不断地流，我们可以在溪涧上安装水磨，在河流的适当地点修建水力发电厂，叫水为我们服务”，以及“一五　风力的利用”中的“人们就制造风车，利用风的力量吹动巨大的车翼，使石磨转动，把麦或者米磨成粉”呈现的都是人控制自然的关系。

“七　怎样保护井水和河水的清洁”中的“为了保护井水的清洁，井应该开在干净的地方，远离厕所和阴沟，越远越好，至少要距离四五丈”“为了保护河水的清洁，也必须防止污水和污物流入河里”呈现的都是人保护自然的关系。

“五　水中的微生物”中的“水中的微生物有很多种……跟我们有直接关系的，是一些会使人生病的微生物”，“一三　人跟河流作斗争”中的“洪水是我们的敌人，我们要想出办法来跟它作斗争。在旧中国时代，洪水是不能征服的天灾，它比猛兽还要凶，年年害人民”，以及“一四　风”中的“台风能吹倒屋子，拔起树木，造成很大的灾害。在海洋中，这种风很危险，能够掀起很大的风浪，把船只打沉”呈现的是自然控制人的关系。

综上，1953 年版的小学《自然》教科书呈现的是传统的人类中心主义的自然观：

① 人控制自然、利用自然；

② 自然对人类而言具有资源价值，自然自身没有价值，自然是人的附属。

第二节　1956 年的小学自然教学大纲和 1957 年版小学自然教科书中的“人—自然”观研究

1953 年，我国在经济上开始实施第一个五年计划。同年，中央讨论教育工作，并抽调了大量干部、有经验的教师进入人民教育出版社。1954 年，受教育部委托，人民教育出版社着手编写适应新时期需要的中小学各科教学大纲和教材[①]。1956 年 8 月，教育部颁布了《小学自然教学大纲（草案）》，这是新中国第一个自然教学大纲。大纲指出：“小学自然教学的目的，在于教给儿童一些初步的自然科学知识，促进儿童的全面发展。”[②] 该大纲内容在很多方面借鉴了苏联小学自然教学的经验，课程安排、教学目的任务、教学内容、教学方法与苏联基本相同[③]。

相较于之前的课程标准，这一版的教学大纲亮点在于对小学教学内容、教学展开方式、活动组织、注意事项等做了详细的说明。大纲详细规定了教学知识点。一年级包括：秋冬春夏、人体保健；二年级包括：树林、菜园、保健；三年级包括果园、动物、保健；四年级包括重要农作物、人体和保健；五年级包括：水、空气、土壤；六年级包括：矿物、电、机械、保健。

---

① 课程教材研究所．新中国中小学教材建设史（1949—2000）研究丛书：自然·社会卷［M］．北京：人民教育出版社，2012：83.

② 课程教材研究所．20 世纪中国中小学课程标准·教学大纲汇编：自然·社会·常识·卫生卷［M］．北京：人民教育出版社，2001：48.

③ 课程教材研究所．新中国中小学教材建设史（1949—2000）研究丛书：自然·社会卷［M］．北京：人民教育出版社，2012：89.

一、1956 年的小学自然教学大纲中的“人—自然”观

笔者对 1956 年的小学自然教学大纲中与“人—自然”观有关的内容进行扫描（表 3-4），并进行统计，发现在 1956 年的小学自然教学大纲中有 9 处与“人—自然”观有关的内容。

表 3-4　1956 年的小学自然教学大纲中与“人—自然”观有关的内容

序号	相关内容
1	了解人能征服自然，使自然为人类服务
2	到自然环境中或工农业生产单位、博物馆、展览会等处去观察自然事物，观察人类劳动及人类对自然界的改造
3	儿童积累足够的关于自然界事物和人类战胜自然的具体知识
4	通过鲜明的实例，向他们表明这些动植物对周围生活条件的适应性，并且使他们知道，人们可以按照这种联系的规律，改善动植物的生活条件，培养出优良的适合于人类需要的动植物
5	要能认识并说出大纲里所提到的动物的外形特征，了解它们的生活与它们对人类的害处或益处，知道怎样保护有益的动物和怎样防治有害的动物
6	在自然角观察杂草的繁殖，观察菜园里有益动物和有害动物的生活
7	关于菜园里有益动物和有害动物的教学
8	水灾的征服，我国的水利事业
9	为消灭危害人民最严重的疾病而斗争

笔者选择运用批判话语分析的方法对教学大纲中与“人—自然”观有关的内容进行批判话语分析。选择的研究工具是 Darren G. Hoeg 等建构的批判话语分析框架。

通过分析可以发现，1956 年的小学自然教学大纲中与“人—自然”观有关的内容呈现的是绝对的人类中心主义的自然观。这种自然观以现代的“主—客”二元对立的思维为指导，一切以人类的利益为中心，视自然为人类利用、征服、索取的对象。这种自然观认为：自然或者说自然界中的动植物往往是“恶”的，是需要去征服甚至是消灭的；事物好与坏的标准就是是否对人类有利，凡是有利的、有益的就是好的，否则就是坏的、恶的；自然自身没有价值，自然全部的价值就是为人类服务。并且，以此自然观为指导，自然或者说自然界中的事物往往被当作需要

进行阶级斗争的阶级敌人。当然，这一方面是由当时的政治大环境决定的，另一方面也和当时人类科技、生产力水平低下有关。

二、1957 年版小学《自然》教科书中的“人—自然”观

（一）1957 年版小学《自然》教科书简介

1957 年版的小学《自然》教科书由教育部委托人民教育出版社编写，作者包括刘默耕、方宗熙等。该教材在“出版者的话”中指出：“本书参照苏联小学自然课本编写而成，共分四册，第一、二两册供小学五年级用，第三、四两册供小学六年级用。”①

1957 年版的小学《自然》教科书完全按照 1956 年的小学自然教学大纲编写，共分为 4 册（图 3-4）。第一册包括“绪论”和“水”两个模块，“水”这一部分包括“没有水的地方”“水和其他液体”“溶解和不溶解”等 26 个知识点。第二册包括“空气”和“土壤”两个模块。其中，“空气”这部分包括“我们周围的空气”“怎样才能觉察空气”“空气占据空间”等 14 个知识点，而“土壤”这部分包括“什么是土壤”“土壤的成分”“土壤的形成”等 11 个知识点。第三册“矿物”模块，包括 20 个知识点。第四册包括“电”“机械”和“保健”3 个模块。其中，“电”模块包括“我们生活在电的世界里”“摩擦生电”“放电现象”等 12 个知识点，“机械”模块包括“人类征服自然的武器”“杠杆”“滑轮”等 8 个知识点，“保健”模块包括“营养”“休息和锻炼”“防疫”3 个知识点。

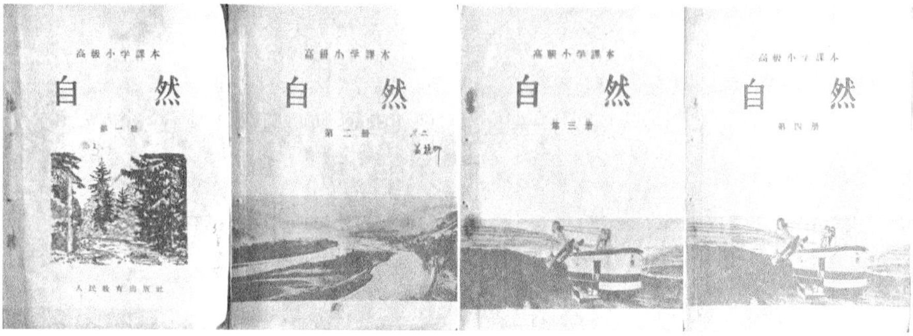

图 3-4　1957 年版的小学《自然》教科书

---

① 刘默耕，等．高级小学课本——自然：第一册［M］．北京：人民教育出版社，1957：1.

1957 年版的小学《自然》教科书具有如下 2 个方面的特征：

（1）从教学内容的角度可以看出，自然科学知识量有所增加，但是生理卫生知识大幅度减少，生产知识大幅度增加。

（2）选取了很多思想政治教育的内容，包括爱国主义教育、辩证唯物主义教育、形势教育等，对于在课程教学中渗透思想政治教育是很好的尝试，但是后面被证明有些内容稍显生硬，脱离了儿童的认知水平。

（二）1957 年版小学《自然》教科书中与“人—自然”观有关的内容

笔者对 1957 年版小学《自然》教科书中与“人—自然”观有关的内容进行扫描并统计，之后做进一步分析（表 3-5）。

表 3-5　1957 年版小学《自然》教科书中与“人—自然”观有关的内容统计

序号	册数	章节	内容	页码
1	第一册	绪论	自然科学是非常宝贵的知识，它帮助我们正确地了解自然，利用自然，改造自然，使大自然更好地为人类服务	P4
2		一〇　人怎样跟洪水作斗争	洪水是我们的敌人，我们要想出办法来跟它作斗争	P23
3			在旧中国时代，洪水是不能征服的天灾，它比猛兽还要凶，年年害人民	P23
4			（我们）已经有计划地跟洪水展开了剧烈的斗争，并且取得了巨大的胜利	P23–24
5			这样，长期为害的洪水就变成了水利，变成了我们的财富	P24
6	第二册	七　大气的征服	这个伟大的创举（指发明飞机），开辟了人类征服大气，听凭人的意志在天空进行活动的新纪元	P15
7		九　风力的利用和风灾	但是风也可以发生灾害：特别热的旱风会“烧”死庄稼；特别大的风会吹倒房屋，拔起树木，打翻船只，毁坏飞机；大风还帮助洪水冲毁堤坝；大风还把沙漠或者沙荒地上的沙大规模地刮走，刮到别的地方，这叫做流沙。流沙可以淹没农田，淹没村庄和城市	P21–22

续表

序号	册数	章节	内容	页码
8	第二册	九　风力的利用和风灾	森林是战胜风灾的有力武器。绿化全国是从根本上消灭风灾的重要办法之一	P23
9	第三册	目录	煤、石油、铁矿、铜等资源	
10	第四册	一　人类征服自然的武器	（机械）帮助我们战胜了各种天灾，改善了生活。机械成了人类劳动的朋友，成了人类争取自然的武器	P25-26
11			我们必须大力发展机械工业，使我们的工厂、矿山、建筑工地、农村和其他方面得到更多、更好的机械，使祖国的山河更好地为人民服务	P42

（三）1957 年版小学《自然》教科书中与“人—自然”观有关的内容分析

教科书中的自然观在某种程度上反映了其内在的“人—自然”观，并且自然观更具体，因此笔者选择运用内容分析法对 1957 年版小学《自然》教科书中的自然观进行分析。运用的框架是由希腊学者 Rea Lemoni 等于 2011 年开发的教科书自然观分析框架。

首先，我们对教材中与自然观有关的内容进行扫描与统计，发现共有 11 处与自然观有关的内容，之后笔者将这些内容分别归类到不同的二级维度下面（表 3-6）。

表 3-6　1957 年版小学《白然》教科书中自然观分维度统计

一级维度	二级维度	统计
1. 对自然的隐喻	1. 1 生态平衡隐喻	0
	1. 2 动态生态隐喻	11
	1. 3 生态网络隐喻	0
	1. 4 生命竞争隐喻	0
2. 对自然的描述	2. 1 友好型自然	0
	2. 2 危险型自然	7
	2. 3 中性的自然	4

续表

一级维度	二级维度	统计
3. 自然的类型	3.1 自然环境	11
	3.2 人工环境	2
4. 自然的价值	4.1 内在价值	0
	4.2 资源价值	11
5. “人—自然”的关系	5.1 人控制自然的关系	9
	5.2 人保护自然的关系	0
	5.3 相互依赖的关系	0
	5.4 自然控制人的关系	2

（1）对自然的隐喻

通过表3-6可以看出，教科书所呈现的对自然的隐喻中，全部是动态生态的隐喻（100%）。生态平衡隐喻、生态网络隐喻、生命竞争隐喻全部都没有出现。如第一册“一〇　人怎样跟洪水作斗争”就指出：“我们在毛主席和中央人民政府的领导下，已经有计划地跟洪水展开了剧烈的斗争，并且取得了巨大的胜利，预计到1962年可以基本上消灭水灾。”① 第二册“七　大气的征服”中指出：“这个伟大的创举（指发明飞机），开辟了人类征服大气，听凭人的意志在天空进行活动的新纪元。”② 这些内容都表明，自然界是动态的、可以改变的，人类可以去征服自然，从而使自然服从人类的意志，并为人类所用。

（2）对自然的描述

教科书对自然的描述中，有7处呈现的是危险型自然，有4处呈现的是中性的自然，友好型自然没有出现。如第一册“一〇　人怎样跟洪水作斗争”就指出：“洪水是我们的敌人，我们要想出办法来跟它作斗争。”③ 第二册中的“九　风力的利用和风灾”中同时也指出：“但是风也可以发生灾害：特别热的旱风会“烧”死庄稼；特别大的风会吹倒房屋，拔起树木，打翻船只，毁坏飞机；大风还帮助洪水冲毁堤坝；大风

① 刘默耕，等．高级小学课本——自然：第一册[M]．北京：人民教育出版社，1957：25.
② 刘默耕，等．高级小学课本——自然：第二册[M]．北京：人民教育出版社，1957：15.
③ 刘默耕，等．高级小学课本——自然：第一册[M]．北京：人民教育出版社，1957：25.

还把沙漠或者沙荒地上的沙大规模地刮走，刮到别的地方，这叫做流沙。流沙可以淹没农田，淹没村庄和城市。”① 也就是说，教科书呈现的更多的是危险型自然。

（3）自然的类型

在自然的类型中，有 11 处（占比 84.6%）呈现的是自然环境，有 2 处（占比 15.4%）呈现了人工环境。这是因为，教科书部分内容既包含自然环境，又包含人工环境。如第二册中的“九　风力的利用和风灾”中同时指出：“森林是战胜风灾的有力武器。绿化全国是从根本上消灭风灾的重要办法之一。”森林本身是自然环境，但是在绿化的过程中需要种植树木，那就是人工环境。第四册“一　人类征服自然的武器”中指出：“我们必须大力发展机械工业，使我们的工厂、矿山、建筑工地、农村和其他方面得到更多、更好的机械，使祖国的山河更好地为人民服务。”② 这里面的工厂、建筑工地等是人工环境，但是矿山既可能是自然环境，也可能是人工环境，而祖国的山河则主要指自然环境。

（4）自然的价值

教科书所呈现的自然的价值，全部是资源价值，自然的美学价值或者说自然的内在价值没有得到呈现。第一册“绪论”中指出：“自然科学是非常宝贵的知识，它帮助我们正确地了解自然，利用自然，改造自然，使大自然更好地为人类服务。”③ 第一册“一〇　人怎样跟洪水作斗争”指出：“这样，长期为害的洪水就变成了水利，变成了我们的财富。”④ 第四册“一　人类征服自然的武器”中指出：“我们必须大力发展机械工业，使我们的工厂、矿山、建筑工地、农村和其他方面得到更多、史好的机械，使祖国的山河更好地为人民服务。”⑤ 这些都是把自然看作人类的资源，认为自然需要为人类服务，资源价值是自然的唯一价值，资源必须是为人类服务的。“资源”本身含有可供人类利用的东西的含义。

---

① 刘默耕，等．高级小学课本——自然：第二册[M]．北京：人民教育出版社，1957：21-22.

② 刘默耕，等．高级小学课本——自然：第四册[M]．北京：人民教育出版社，1957：42.

③ 刘默耕，等．高级小学课本——自然：第一册[M]．北京：人民教育出版社，1957：4.

④ 刘默耕，等．高级小学课本——自然：第一册[M]．北京：人民教育出版社，1957：24.

⑤ 刘默耕，等．高级小学课本——自然：第四册[M]．北京：人民教育出版社，1957：42.

(5)“人—自然”的关系

教科书所呈现的人与自然的关系，有 9 处呈现的是“人控制自然的关系”，有 2 处呈现的是“自然控制人的关系”。“人保护自然的关系”和“相互依赖的关系”则都没有得到呈现。如“自然科学是非常宝贵的知识，它帮助我们正确地了解自然，利用自然，改造自然，使大自然更好地为人类服务”① “（我们）已经有计划地跟洪水展开了剧烈的斗争，并且取得了巨大的胜利”② 和“（机械）帮助我们战胜了各种天灾，改善了生活。机械成了人类劳动的朋友，成了人类争取自然的武器”③ 等呈现的均是人类控制自然的关系。

如“在旧中国时代，洪水是不能征服的天灾，它比猛兽还要凶，年年害人民”④ 和“但是风也可以发生灾害：特别热的旱风会“烧”死庄稼；特别大的风会吹倒房屋，拔起树木，打翻船只，毁坏飞机；大风还帮助洪水冲毁堤坝；大风还把沙漠或者沙荒地上的沙大规模地刮走，刮到别的地方，这叫做流沙。流沙可以淹没农田，淹没村庄和城市”⑤ 呈现的则是自然控制人的关系。

从总体上来看，教科书所呈现的是人和自然相互对立，人控制自然的关系。

研究结论：综合以上分析，可以发现，1957 年版小学自然教科书所呈现的是现代主义所主导的人类中心主义的自然观。

第三节　1963 年的小学自然教学大纲和 1964 年版小学自然教科书中的“人—自然”观研究

1961 年，党中央着手纠正“大跃进”的偏差，同时对“大跃进”期间所出现的教育问题（如盲目缩短学制，忽视基础知识和基本技能的学习等问题）进行纠偏。1963 年，中共中央颁布《全日制小学暂行工作条例（草案）》，对中小学教育重新进行定位和指导。同时，中共中央也

① 刘默耕，等．高级小学课本——自然：第一册[M]．北京：人民教育出版社，1957：4.
② 刘默耕，等．高级小学课本——自然：第一册[M]．北京：人民教育出版社，1957：23-24.
③ 刘默耕，等．高级小学课本——自然：第四册[M]．北京：人民教育出版社，1957：25-26.
④ 刘默耕，等．高级小学课本——自然：第一册[M]．北京：人民教育出版社，1957：23.
⑤ 刘默耕，等．高级小学课本——自然：第二册[M]．北京：人民教育出版社，1957：21-22.

对教育工作中盲目照搬国外经验的教条主义、实际工作中的功利主义等导致的教学质量下降进行了反思，要求改进教学计划，紧抓教材建设。在国内深入调研并借鉴国外教育经验的基础上，教育部1963年5月颁布了《全日制小学自然教学大纲（草案）》[①]。

一、1963年的小学自然教学大纲中的“人—自然”观

1963年，我国教育部颁布的《全日制小学自然教学大纲（草案）》指出，小学自然课程的教学目的是“教给儿童初步的自然常识，指导儿童初步认识自然界和人对自然的利用改造，扩大儿童的知识领域，培养儿童爱科学的品德，为儿童进一步学习和将来参加劳动准备必需的基础”[②]。

1963年的小学自然教学大纲体现了如下2个方面的特征：

（1）将之前的“了解人能征服自然”改为“人对自然的利用和改造”。相对于“征服”，“利用和改造”对自然的态度相对温和，从敌对的态度转变为对待外物客体的态度。

（2）教学目标更加具体，从之前的“促进儿童的全面发展”调整为“为儿童进一步学习和将来参加劳动准备必要的基础”，明确了小学自然教学要为两个目标服务，即一为进一步学习，二为将来参加劳动。

下面我们对该教学大纲中环境教育的内容或者体现了人与自然关系的内容进行扫描与统计（表3-7）。

表3-7　1963年的小学自然教学大纲中与“人—自然”观有关的内容

序号	相关内容
1	教给儿童初步的自然常识，指导儿童初步认识自然界和人对自然的利用改造
2	积极参加力所能及的生产劳动和自然保护、改造自然等活动
3	自然界的水是不纯净的

---

① 课程教材研究所．新中国中小学教材建设史（1949—2000）研究丛书：自然·社会卷[M]．北京：人民教育出版社，2012：167-171.

② 课程教材研究所．20世纪中国中小学课程标准·教学大纲汇编：自然·社会·常识·卫生卷[M]．北京：人民教育出版社，2001：61.

续表

序号	相关内容
4	压缩空气的利用
5	大气压力的利用
6	风力的利用
7	猪、牛、羊、马、驴、骡的形态特点和生活习性特点，它们的用途
8	鸡、鸭、鹅的形态特点和生活习性特点，它们的用途
9	鲤鱼、鲫鱼、大黄鱼、小黄鱼、带鱼的形态特点和生活习性特点，它们的用途
10	蚕、蜜蜂、螳螂、小蜜蜂的形态特点和生活习性特点，它们的用途
11	蝗虫、棉蚜、粉蝶、食心虫、苍蝇、蚊子、臭虫的形态特点和生活习性特点，它们的用途
12	桃、梨、柑橘的形态特点和生活习性特点，它们的用途
13	水稻、小麦、粟、高粱、玉米、甘薯的形态特点和生活习性特点，它们的用途
14	棉花、大麻、黄麻、花生、甘蔗、橡胶树的形态特点和生活习性特点，它们的用途
15	松树、柳树、竹的形态特点和生活习性特点，它们的用途
16	马齿苋、车前、鬼针草、藜、蓟的形态特点和生活习性特点，它们的用途
17	畜力、水力、风力、原子能的利用

我们对上述内容中的行为动词进行统计，结果如表 3-8 所示。

表 3-8　1963 年的小学教学大纲中与“人—自然”观相关的行为动词

序号	行为动词	频次	序号	行为动词	频次
1	利用（用途）	15	3	改造	2
2	认识	1	4	保护	1

通过对教学大纲中与“人—自然”观相关的行为动词的统计可以发现，对自然的“利用（用途）”出现了 15 次，“认识（自然）”出现

了1次，“改造（自然）”出现了2次，“保护（自然）”出现了1次。由此可见，利用与改造自然占据了压倒性优势。也就是说，利用与改造自然是1963年教学大纲的主导思想，但是“保护（自然）”开始出现在教学大纲中。也就是说，“保护（自然）”（尽管也是为了人本身）开始进入人们的视野，受到人们关注。

通过以上分析可以看出，1963年版的小学自然教学大纲呈现的是人类中心主义的自然观，其体现的是人控制自然、利用自然、改造自然的“人—自然”观。

二、1964年版小学《自然》教科书中的“人—自然”观

1964年的《十二年制高级小学课本·自然》由人民教育出版社出版，刘默耕、李培实编写，聘请生物学家周建人、科普作家高士其和彭庆昭做顾问，对教科书进行审阅①。教材编写组对以往的自然课程教学进行了整理分析，同时对我国当时的国情、工农业需要进行了调研，编写了试教版的教材进行试教、听取意见并进行修订。在此基础上，1964年秋季出版了《高级小学课本·自然》，共四册②（图3-5）。这是一套新中国成立后真正意义上的自编《自然》教科书，重视基础，联系生活生

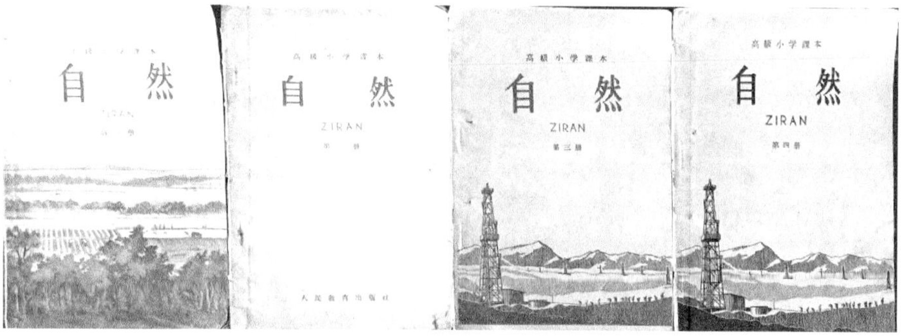

图3-5　1964年版的小学《自然》教科书

① 课程教材研究所．新中国中小学教材建设史（1949—2000）研究丛书：自然·社会卷［M］．北京：人民教育出版社，2012：169，173．

② 课程教材研究所．新中国中小学教材建设史（1949—2000）研究丛书：自然·社会卷［M］．北京：人民教育出版社，2012：173-175．

产实际，减少了繁琐内容①。

该套教科书第一册包括“水”“空气”和“土壤”三部分，共21个知识点；第二册包括“动物”和“植物”两部分，共15个知识点；第三册包括“人体保健”和“矿物”两部分内容，共16个知识点；第四册包括“机械”“电”和“宇宙”三部分内容，共18个知识点。该套教材与之前前面的教材相比，增加了两个模块的知识，但是为了遵循“少而精”的原则，这一版《自然》教科书精简了一些日常生活中不常见的内容，以及教学比较困难的知识②。

该套教材具有如下2个方面的特点：

（1）注重符合儿童的认知规律。教科书选取的知识都是基础性、学生容易接受的，包括最基础、最基本的科学概念，自然变化规律及原因。生产知识被大幅度削减，同时将一些生硬的、不符合自然学科特点和学生年龄特点的思想政治内容移出教材③。

（2）选取广泛的能描绘出自然界轮廓的自然知识，具体表现为：既有无生物知识，又有生物知识；既有关于地球上的自然事物的知识，又有关于地球以外的自然事物的知识；既有关于自然事物的知识，又有关于人的知识。同时，教科书所选取的自然事物大多是普遍存在又具有一定代表性的④。

笔者首先对教科书中与“人—自然”观有关的内容进行扫描并进行统计分析（表3-9）。

---

① 石鸥．新中国中小学教科书图文史：自然常识、物理、化学、生物学[M]．广州：广东教育出版社，2015：45.

② 石鸥．新中国中小学教科书图文史：自然常识、物理、化学、生物学[M]．广州：广东教育出版社，2015：43.

③ 课程教材研究所．新中国中小学教材建设史（1949—2000）研究丛书：自然·社会卷[M]．北京：人民教育出版社，2012：179-180.

④ 课程教材研究所．新中国中小学教材建设史（1949—2000）研究丛书：自然·社会卷[M]．北京：人民教育出版社，2012：177-178.

表 3-9 1964 年版小学《自然》教科书中与“人—自然”观有关的内容统计

序号	册数	章节	内容	页码
1	第一册	三、饮用水的清洁	为了保护大家的健康，还应当注意保护取水地方的清洁	P8
2		九、自然界里水的循环	水在自然界里循环，才有水滋润土地，满足庄稼和一切植物生活的需要，才有水供给人畜和其他动物饮用，才有水供应工业和航运方面利用	P20
3			现在我们修建水力发电站，利用水力发电，让电力去做各种各样的工作	P21
4			我们还修建水库、水渠，进行水土保持，把水管起来，不让它泛滥成灾，而利用它来发电，灌溉。这样，既可以抵抗自然灾害，又可以得到利用水力的利益	P21
5	第二册	二、野兽	虎的骨头可以制药，毛皮可以做褥子	P6
6			我国有养狐场，专门养狐取毛皮	P7
7			田地里的鼠损害庄稼。草原上的鼠啃草根，吃草籽和嫩草，严重地妨害草的生长。森林里的鼠啃树皮，吃树种和树的幼芽，严重地破坏森林。河堤上的鼠在堤上打洞，会引起决堤的灾难	P7-8
8			鼠身上有跳蚤，能把危险的鼠疫传染给人。鼠的害处很大，所以我们要大力灭鼠	P8
9			所以，蝙蝠是益兽，我们不要随便伤害它	P8
10		四、野鸟	成群的麻雀在农田里啄食，不但吃了谷粒，而且把许多成熟的谷粒弹落在地上，糟蹋庄稼厉害。大群的麻雀还要飞到打谷场上、粮食仓里抢吃粮食，所以麻雀对农业有害	P13

教科书中的自然观在某种程度上反映了其内在的“人—自然”观，并且自然观更具体，因此笔者选择运用内容分析法对1964年版小学《自然》教科书中的自然观进行分析。运用的框架是由希腊学者Rea Lemoni等于2011年开发的教科书自然观分析框架。

通过对教科书中与“人—自然”观有关的内容进行归类、统计得到了表3-10。

表3-10 1964年版小学《自然》教科书中自然观分维度统计

一级维度	二级维度	统计
1. 对自然的隐喻	1.1 生态平衡隐喻	0
	1.2 动态生态隐喻	9
	1.3 生态网络隐喻	1
	1.4 生命竞争隐喻	0
2. 对自然的描述	2.1 友好型自然	0
	2.2 危险型自然	5
	2.3 中性的自然	5
3. 自然的类型	3.1 自然环境	5
	3.2 人工环境	7
4. 自然的价值	4.1 内在价值	0
	4.2 资源价值	10
5. “人—自然”的关系	5.1 人控制自然的关系	7
	5.2 人保护自然的关系	1
	5.3 相互依赖的关系	0
	5.4 自然控制人的关系	2

（1）对自然的隐喻

通过上述统计可以发现，1964年版的小学《自然》教科书中，有9处呈现的是动态生态的自然观，有1处呈现的是生态网络的自然观，生态平衡和生命竞争的自然观则没有出现。如第一册“三、饮用水的清洁”中的“为了保护大家的健康，还应当注意保护取水地方的清洁”[①]，“九、自然界里水的循环”中的“现在我们修建水力发电站，利用水力发电，让电力去做各种各样的工作”[②]，以及“我们还修建水库、水渠，进行水土保持，把水管起来，不让它泛滥成灾，而利用它来发电，灌溉。这样，既可以抵抗自然灾害，又可以得到利用水力的利益”[③] 都表明，人能够改变自然，自然是可以动态变化的，因此呈现的是动态生态的自然观。

第一册“九、自然界里水的循环”中的“水在自然界里循环，才有水滋润土地，满足庄稼和一切植物生活的需要，才有水供给人畜和其他动物饮用，才有水供应工业和航运方面利用”[④] 呈现了生态网络的自然观。

（2）对自然的描述

教科书所描述的自然，有 5 处是危险型自然，有 5 处是中性的自然，分别占比 50%，友好型自然则没有出现。如第一册“九、自然界里水的循环”中的“我们还修建水库、水渠，进行水土保持，把水管起来，不让它泛滥成灾，而利用它来发电，灌溉。这样，既可以抵抗自然灾害，又可以得到利用水力的利益”[⑤]，第二册“二、野兽”中的“田地里的鼠损害庄稼。草原上的鼠啃草根，吃草籽和嫩草，严重地妨害草的生长。森林里的鼠啃树皮，吃树种和树的幼芽，严重地破坏森林。河堤上的鼠在堤上打洞，会引起决堤的灾难”[⑥]，以及“四、野鸟”中的“成群的麻雀在农田里啄食，不但吃了谷粒，而且把许多成熟的谷粒弹落在地上，糟蹋庄稼很厉害。大群的麻雀还要飞到打谷场上、粮食仓里抢吃粮食，

① 人民教育出版社生物编辑组．高中小学课本　自然（1964 年新编）第一册［M］．北京：人民教育出版社，1964：8.

② 人民教育出版社生物编辑组．高中小学课本　自然（1964 年新编）第一册［M］．北京：人民教育出版社，1964：21.

③ 人民教育出版社生物编辑组．高中小学课本　自然（1964 年新编）第一册［M］．北京：人民教育出版社，1964：21.

④ 人民教育出版社生物编辑组．高中小学课本　自然（1964 年新编）第一册［M］．北京：人民教育出版社，1964：20.

⑤ 人民教育出版社生物编辑组．高中小学课本　自然（1964 年新编）第一册［M］．北京：人民教育出版社，1964：21.

⑥ 人民教育出版社生物编辑组．高中小学课本　自然（1964 年新编）第二册［M］．北京：人民教育出版社，1964：7-8.

所以麻雀对农业有害”① 都呈现的是危险型自然。

（3）自然的类型

在教科书所呈现的自然的类型中，人工环境出现了 7 处，自然环境出现了 5 处。这是因为教科书中有些内容既包括了人工环境，也包括了自然环境。

如第一册“九、自然界里水的循环”中的“水在自然界里循环，才有水滋润土地，满足庄稼和一切植物生活的需要，才有水供给人畜和其他动物饮用，才有水供应工业和航运方面利用”② 和第二册“二、野兽”中的“田地里的鼠损害庄稼。草原上的鼠啃草根，吃草籽和嫩草，严重地妨害草的生长。森林里的鼠啃树皮，吃树种和树的幼芽，严重地破坏森林。河堤上的鼠在堤上打洞，会引起决堤的灾难”③ 既包括了自然环境，也包括了人工环境。

第一册“九、自然界里水的循环”中的“现在我们修建水力发电站，利用水力发电，让电力去做各种各样的工作”④，“我们还修建水库、水渠，进行水土保持，把水管起来，不让它泛滥成灾，而利用它来发电，灌溉。这样，既可以抵抗自然灾害，又可以得到利用水力的利益”⑤ 和第二册“二、野兽”中的“我国有养狐场，专门养狐取毛皮”⑥ 呈现的是人工环境。

第二册“二、野兽”中的“鼠身上有跳蚤，能把危险的鼠疫传染给人。鼠的害处很大，所以我们要大力灭鼠”⑦ 和“所以蝙蝠是益兽，我

---

① 人民教育出版社生物编辑组．高中小学课本　自然（1964 年新编）第二册［M］．北京：人民教育出版社，1964：13.

② 人民教育出版社生物编辑组．高中小学课本　自然（1964 年新编）第一册［M］．北京：人民教育出版社，1964：20.

③ 人民教育出版社生物编辑组．高中小学课本　自然（1964 年新编）第二册［M］．北京：人民教育出版社，1964：7-8.

④ 人民教育出版社生物编辑组．高中小学课本　自然（1964 年新编）第一册［M］．北京：人民教育出版社，1964：21.

⑤ 人民教育出版社生物编辑组．高中小学课本　自然（1964 年新编）第一册［M］．北京：人民教育出版社，1964：21.

⑥ 人民教育出版社生物编辑组．高中小学课本　自然（1964 年新编）第二册［M］．北京：人民教育出版社，1964：7.

⑦ 人民教育出版社生物编辑组．高中小学课本　自然（1964 年新编）第二册［M］．北京：人民教育出版社，1964：8.

们不要随便伤害它”[①] 均呈现的是自然环境。

（4）自然的价值

从教科书内容所体现的自然的价值来看，呈现的全部是自然的资源价值，自然内在的价值则没有得到呈现。如第一册“九、自然界里水的循环”中的“我们还修建水库、水渠，进行水土保持，把水管起来，不让它泛滥成灾，而利用它来发电，灌溉。这样，既可以抵抗自然灾害，又可以得到利用水力的利益”[②]，第二册“二、野兽”中的“虎的骨头可以制药，毛皮可以做褥子”[③] 和“我国有养狐场，专门养狐取毛皮”[④]，都是把水、老虎、狐等当作人类的资源，认为这些事物自身没有价值。

（5）“人—自然”的关系

从教科书内容所体现的人与自然的关系来看，有 7 处呈现的是人控制自然的关系（占比 70%），有 2 处呈现的是自然控制人的关系（占比 20%），有 1 处呈现了人保护自然的关系（占比 10%），人与自然相互依赖的关系则没有得到呈现。如教科书第一册“九、自然界里水的循环”中的“现在我们修建水力发电站，利用水力发电，让电力去做各种各样的工作”[⑤]“我们还修建水库、水渠，进行水土保持，把水管起来，不让它泛滥成灾，而利用它来发电，灌溉。这样，既可以抵抗自然灾害，又可以得到利用水力的利益”[⑥]，以及第二册“二、野兽”中的“鼠身上有跳蚤，能把危险的鼠疫传染给人。鼠的害处很大，所以我们要大力灭鼠”[⑦] 都呈现了人控制自然的关系。

---

① 人民教育出版社生物编辑组．高中小学课本　自然（1964 年新编）第二册［M］．北京：人民教育出版社，1964：8.

② 人民教育出版社生物编辑组．高中小学课本　自然（1964 年新编）第一册［M］．北京：人民教育出版社，1964：21.

③ 人民教育出版社生物编辑组．高中小学课本　自然（1964 年新编）第二册［M］．北京：人民教育出版社，1964：6.

④ 人民教育出版社生物编辑组．高中小学课本　自然（1964 年新编）第二册［M］．北京：人民教育出版社，1964：7.

⑤ 人民教育出版社生物编辑组．高中小学课本　自然（1964 年新编）第一册［M］．北京：人民教育出版社，1964：21.

⑥ 人民教育出版社生物编辑组．高中小学课本　自然（1964 年新编）第一册［M］．北京：人民教育出版社，1964：21.

⑦ 人民教育出版社生物编辑组．高中小学课本　自然（1964 年新编）第二册［M］．北京：人民教育出版社，1964：8.

第二册中“二、野兽”一章中的“田地里的鼠损害庄稼。草原上的鼠啃草根，吃草籽和嫩草，严重地妨害草的生长。森林里的鼠啃树皮，吃树种和树的幼芽，严重地破坏森林。河堤上的鼠在堤上打洞，会引起决堤的灾难”① 和“四、野鸟”一章中的“成群的麻雀在农田里啄食，不但吃了谷粒，而且把许多成熟的谷粒弹落在地上，糟蹋庄稼厉害。大群的麻雀还要飞到打谷场上、粮食仓里抢吃粮食，所以麻雀对农业有害”② 呈现的是自然控制人的关系。

教科书第一册“三、饮用水的清洁”中的“为了保护大家的健康，还应当注意保护取水地方的清洁”③ 呈现的是人保护自然的关系。

笔者运用内容分析法对教科书中与“人—自然”观有关内容做出的分析表明，教科书中的自然观表现为以下 4 个方面的特征：

（1）教科书呈现的主要是动态生态的自然观，即认为自然是人可以改变的；

（2）认为自然对于人来说是危险的存在；

（3）注重自然的资源价值；

（4）教科书呈现的主要是人类利用和改造自然的关系。

综上，教科书呈现的是现代的人类中心主义的自然观，即认为人类是自然和宇宙的中心，自然是“主—客”二元对立中的客体，是人类利用和改造的对象，自然没有内在的价值，自然的价值都是为人的。

---

① 人民教育出版社生物编辑组．高中小学课本　自然（1964 年新编）第二册［M］．北京：人民教育出版社，1964：7-8.

② 人民教育出版社生物编辑组．高中小学课本　自然（1964 年新编）第二册［M］．北京：人民教育出版社，1964：13.

③ 人民教育出版社生物编辑组．高中小学课本　自然（1964 年新编）第一册［M］．北京：人民教育出版社，1964：8.

第四章

浅层生态主义：

1977—2000 年小学自然教科书中的“人—自然”观研究

在新中国成立后的相当长一段时间，由于新中国人口多、底子薄，充分利用自然资源发展经济、提升人民生活水平就成为核心任务。当时工业正处于发展中，因此环境问题并不突出，也并未被人们意识到。由于当时的人们认识比较有限，人们并未意识到环境保护的重要性。因此这一时期以探索自然、征服自然和利用自然为主。但是，在“文革”结束之后，随着环境保护观念的传播，环境保护开始进入教科书成为自然课程知识的重要主题，并实现了人与自然关系的价值转换。

第一节 1977 年的小学自然常识教学大纲和 1978 年版小学自然常识教科书中的“人—自然”观研究

1966—1976 年的“文化大革命”，使我国的政治、经济、文化、教育等事业都受到严重破坏，尤其是教育受到的冲击最大。当时，负责编写中小学教材的人民教育出版社被迫瘫痪，各省市自订教学计划，自编教材，但自编的教材大多片面注重实用性，忽视基础知识，缺乏系统性。1976 年，长达十年的“文革”结束，全国教育逐渐恢复。1977 年，教育部决定以人民教育出版社中小学教材编写人员为主要力量编写新的中小学大纲和全国通用的中小学教材①。之后，教育部颁布了《全日制十年制中小学教学计划试行草案》。1977 年 12 月教育部颁布了各科教学大纲，其中包括《全日制十年制小学自然常识教学大纲（试行草案）》。

一、1977 年的小学自然常识教学大纲中的“人—自然”观

1977 年颁布的《全日制十年制小学自然常识教学大纲（试行草案）》将小学自然常识的教学目的确定为：教给学生一些浅近的自然科学知识，指导学生初步认识自然界和人对自然界的利用改造，扩大学生的知识领域，同时通过自然常识教学对学生进行政治思想教育，逐步培养学生辩证唯物主义观点，为学生进一步学习和将来参加三大革命运动打下初步的基础②。

---

① 课程教材研究所．新中国中小学教材建设史（1949—2000）研究丛书：自然・社会卷［M］．北京：人民教育出版社，2012：201-202.

② 课程教材研究所．20 世纪中国中小学课程标准・教学大纲汇编：自然・社会・常识・卫生卷［M］．北京：人民教育出版社，2001：70.

由此可见，1977 年的教学大纲指出，小学自然教学包括 3 个方面的目标：学习自然科学知识；认识人与自然的关系；进行思想政治教育。下面笔者对 1977 年小学教学大纲中的“人—自然”观进行分析。新教学大纲体现了以下 4 个方面的特征：

（1）注重基础知识的教学。新大纲以 1963 年教学大纲为基础，比较注重基础知识的教学，同时又对相关教学内容进行了补充、完善与更新。

（2）将小学自然教学的目标定位为为建设社会主义现代化强国服务，这是对过去“文革”十年的纠偏，表明我国教育事业恢复到了正轨上来。

（3）更新了知识体系，增加一些科学前沿的内容，如仿生学的新成就、人造地球卫星、无限宇宙、红外线、紫外线和 X 射线等。

（4）注重环境保护。新课标专设了一个专题“环境保护”，内容包括“环境污染”“资本主义国家环境污染的严重性”和“保护环境”。同时，保护环境的意识在其他内容中也有一定渗透，如“保护益虫”“保护益兽”“自然保护区”等。

笔者对 1977 年的小学自然常识教学大纲中与环境教育有关的内容进行扫描、统计（表 4-1），发现有 10 处与环境教育有关的内容。

表 4-1　1977 年的小学自然常识教学大纲中与环境教育有关的内容

序号	相关内容
1	指导学生初步认识自然界和人对自然界的利用改造
2	使学生知道整个自然界是由物质构成的，物质又是相互联系相互制约的，而且在不断变化和发展，人们能够认识它们、利用和改造它们
3	兴修水利，战胜水害
4	风力的利用和预防风灾
5	自然界里的水是不纯净的
6	环境污染，保护环境
7	我国丰富的植物资源
8	消灭害虫 益虫的种类 保护益虫
9	消灭害兽 保护益兽 自然保护区
10	人类认识自然 改造自然的斗争

之后，笔者对上述内容中的行为动词进行统计，得到表 4-2。

表 4-2 1977 年的小学自然常识教学大纲中与“人—自然”观有关的内容中行为动词出现的频次

序号	行为动词	频次	序号	行为动词	频次
1	认识	3	5	战胜	1
2	利用	3	6	预防	1
3	改造	3	7	保护	3
4	兴修	1	8	消灭	2

通过上述统计可以发现，1977 年的小学自然常识教学大纲注重认识自然、利用自然和改造自然，但是保护自然出现的频次同样很高。同时又注重兴修对人有利的，预防、战胜甚至消灭对人有害的。由此可以看出，1977 年的小学自然常识教学大纲呈现的是浅层生态的自然观，即既注重利用自然，又关注保护自然。

二、1978 年版小学《自然常识》教科书中的“人—自然”观

以 1977 年的《全日制十年制小学自然常识教学大纲（试行草案）》为指导，人民教育出版社着手编写小学自然常识教科书。编写组一方面总结了 1964 年版小学《自然》教科书的编写经验，另一方面又借鉴了国外和我国台湾地区《科学》教科书，同时走访相关专家、召开座谈会等。1978 年 2 月，《全日制十年制学校小学课本（试用本）自然常识》第一册正式出版，从当年秋季开始供全国小学使用。之后，陆续出版了第二、三、四册①。该教科书共分 4 册。第一册包括水、空气和环境保护等方面的内容，共 22 个知识点。第二册包括动物、植物和微生物等内容，共 20 个知识点。第三册包括人体、力学、光学等方面的内容，共 21 个知识点。第四册包括矿物、电磁学和宇宙等方面的内容，共 21 个知识点。

虽然教科书编写时间有限，但是仍然体现了一些新的理念。主要体现在以下 4 个方面：

（1）教学内容有所增加。增加了“声、光、热”相关内容，并且内

① 课程教材研究所．新中国中小学教材建设史（1949—2000）研究丛书：自然・社会卷［M］．北京：人民教育出版社，2012：201-207，208.

容更加详尽。“机械部分”增加了螺旋原理和作用。“电”的部分增加了物质的秘密、电热、有线广播和无线广播等①。

（2）增加了很多先进科学技术方面的内容，这些内容大约占了全部内容的11%，体现了科学性、时代性和前沿性。增加的具体内容有电子显微镜、机械化饲养家禽、自然保护区、喷气发动机、原子能发电、红外线、紫外线、太阳能电池、电视、人造卫星等②。

（3）插图多。1964 年版的小学《自然》教科书共有 185 幅图。与 1964 年版的小学《自然》教科书相比，1978 年版的小学《自然常识》教科书中的插图增加了很多，包括 241 幅黑白插图和 25 幅彩图，并且插图更加科学、直观、精美。

（4）增加了环境保护的内容。教科书第一册最后设计了“环境保护”的内容，这是我国小学自然教科书首次以章节的形式出现环境保护的相关内容，虽然只有 2 页，但仍然是历史性的进步。教材中阐述了废水、废气、农药等造成的环境污染及可能对人的健康产生的不利影响，以及党和国家在环境保护方面所做的工作。

下面笔者首先对教科书中与环境教育有关的内容进行统计，之后运用内容分析法进行分析。我们将教科书中与环境教育有关的内容进行扫描、统计和呈现（表 4-3）。

表 4-3　1978 年小学《自然常识》教科书中与“人—自然”观有关的内容统计

序号	册数	章节	内容	页码
1	第一册	一　我们周围的世界	我们呼吸的空气，喝的水，烧饭用的煤和柴，都是从自然界取得的	P1
2			自然界也会给我们带来灾害，如水灾、旱灾、风灾、地震等	P1
3			现在我们学习的自然常识，将要告诉我们许多关于自然界的事情，关于人们怎样认识自然、利用自然、改造自然的知识	P1

① 课程教材研究所．新中国中小学教材建设史（1949—2000）研究丛书：自然·社会卷［M］．北京：人民教育出版社，2012：201-210.

② 课程教材研究所．新中国中小学教材建设史（1949—2000）研究丛书：自然·社会卷［M］．北京：人民教育出版社，2012：201-211.

续表

序号	册数	章节	内容	页码
4	第一册	九　雨雪雹	雹不仅危害农作物，而且能破坏建筑物，砸伤人畜。广大农村社员试制成功土炮，土火箭，轰击冰雹云，可以减轻或者避免冰雹的危害	P21
5		十　自然界里水的循环	我国有丰富的水力资源	P23
6			自然界里的水循环，并不能完全适合我们的需要。如有的地方雨水过多，造成涝灾；有的地方雨水过少，造成干旱	P24
7			广大劳动人民大力修建水库、水渠，治理河道，把水管起来，不让它泛滥成灾，并且利用它来发电、灌溉、养鱼，变水害为水利	P24
8		十二　风	有的地方利用风车带动机器进行灌溉、发电	P32
9			有时风太大了会造成风灾。像我国东南沿海地区夏秋季节出现的台风，局部地区发生的龙卷风，风力都很大，能吹倒房屋，伤害人畜，毁坏庄稼	P32
10			在常刮大风的地方营造防风林带，可以减弱风力，防止风沙侵袭	P32
11		十五　水的净化	锅炉中使用含有矿物质的水，就会产生水垢附着在锅壁上，既妨碍传热，又浪费燃料，严重的还会造成锅炉爆炸	P41
12		二二　环境保护	随着工业生产的发展，产生了大量的有毒废水、废气等，如果不加处理，任意排放，就会污染水源和空气。人饮用了污染的水，吸进污染了的空气，吃进了污染的食物，健康会受到损害	P60-61
13			废水、废气和农药残毒等对人类生活环境，如水源、空气、土壤等的污染，叫做环境污染	P61

续表

序号	册数	章节	内容	页码
14	第一册	二二　环境保护	我们一方面要发展生产，一方面要防止污染的发生，搞好保护和改善环境的工作	P61
15			国家大力提倡植树造林，绿化祖国，这对改造自然、净化环境是十分必要的	P61
16	第二册	一　动物世界	我们伟大的祖国土地辽阔，动物资源十分丰富	P3
17			我国人民正在进一步开发利用丰富的动物资源，为祖国的社会主义建设服务	P4
18		八　野兽	这些野兽是我国宝贵的动物资源，应该加以保护	P27
19			国家还在出产珍贵野兽的地方划定了一些自然保护区	P27
20		十　植物世界	我们吃的粮食、蔬菜、水果……都是从植物得到的。我们吃的猪肉、鸡蛋、牛奶……虽然是猪、鸡、牛、羊等动物的产品，但是这些动物是吃植物生活的	P35
21			为了更好地发展农业、林业，更好地利用野生植物资源，我们应该学习植物的知识	P36
22		十八　植树造林	植树造林能为我们提供各种木材，还能保持水土、防风固沙、调节气候	P62-63
23			植树造林对净化空气、保护环境，增进人民健康也有重大作用	P64
24	第四册	四　煤	我们必须大力发展煤炭工业，开采更多的煤，同时要注意节约用煤	P11
25			石油的用处这么多，而且这些用处非常重要，所以人们称石油为“工业的血液”	P14

笔者选择运用内容分析法对 1978 年版小学《自然常识》教科书中的自然观进行分析。运用的框架是由希腊学者 Rea Lemoni 等于 2011 年开发

的教科书自然观分析框架。

笔者根据上述分析框架对教科书中的环境教育内容进行归类并进行统计分析，得到表4-4。

表4-4 1978年版小学《自然常识》教科书中自然观分维度统计

一级维度	二级维度	统计
1. 对自然的隐喻	1.1 生态平衡隐喻	0
	1.2 动态生态隐喻	25
	1.3 生态网络隐喻	0
	1.4 生命竞争隐喻	0
2. 对自然的描述	2.1 友好型自然	0
	2.2 危险型自然	5
	2.3 中性的自然	20
3. 自然的类型	3.1 自然环境	14
	3.2 人工环境	19
4. 自然的价值	4.1 内在价值	1
	4.2 资源价值	24
5. “人—自然”的关系	5.1 人控制自然的关系	12
	5.2 人保护自然的关系	7
	5.3 相互依赖的关系	0
	5.4 自然控制人的关系	6

我们可以得出以下结论：

（1）对自然的隐喻

教科书所呈现的文字内容中，全部是动态生态的隐喻，只有一处图片呈现的是生态网络的隐喻，并且该图片呈现的也并非自然界生物与环境之间的相互影响，而是环境污染通过网络的形式最终对人造成健康威胁。“生态平衡隐喻”和“生命竞争隐喻”则没有出现。例如第一册“九　雨 雪 雹”中的“雹不仅危害农作物，而且能破坏建筑物，砸伤人畜。广大农村社员试制成功土炮，土火箭，轰击冰雹云，可以减轻或者避免冰雹的危害”，“十 自然界里水的循环”中的“广大劳动人们大力修建水库、水渠，治理河道，把水管起来，不让它泛滥成灾，并且利用它来发电、灌溉、养鱼，变水害为水利”呈现的是人对自然界的应对，通过人的积极介入，自然界也是可以改变的，因此呈现的是动态生态的自然观。而“二二　环境保护”中的“随着工业生产的发展，产生了大量的有毒废水、废气等，如果不加处理，任意排放，就会污染水源和空气。人饮用了污染的水，吸进污染了的空气，吃进了污染的食物，健康会受到损害”呈现的是人类活动对自然界的影响，也表明，人类的活动会影响自然界的变化，因此呈现的也是动态生态的自然观。

教科书所呈现的污染人类生活环境的途径如图 4-1 所示。

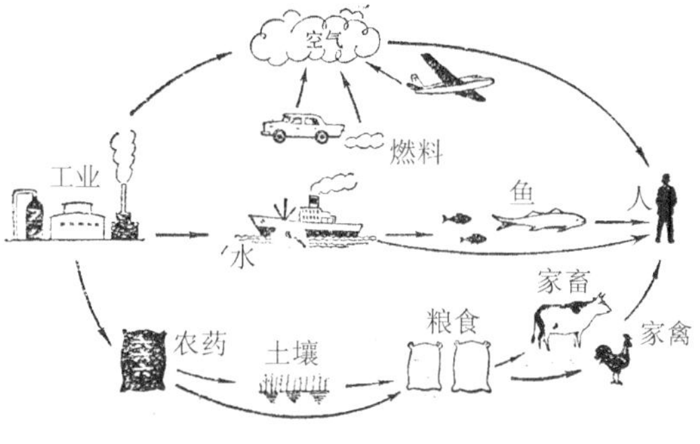

图 4-1　教科书所呈现的污染人类生活环境的途径

（2）对自然的描述

在对自然的描述中，中性的自然出现了 20 次，危险型自然出现了 5 次，友好型自然则没有出现。

第一册“一　我们周围的世界”中的“我们呼吸的空气，喝的水，烧饭用的煤和柴，都是从自然界取得的”，以及第二册“十　植物世界”中的“我们吃的粮食、蔬菜、水果……都是从植物得到的。我们吃的猪肉、鸡蛋、牛奶……虽然是猪、鸡、牛、羊等动物的产品，但是这些动物是吃植物生活的”和“为了更好地发展农业、林业，更好地利用野生植物资源，我们应该学习植物的知识”都呈现的是中性的自然，即自然界对人类来说既不是友好的，也谈不上危险。

第一册“一　我们周围的世界”中的“自然界也会给我们带来灾害，如水灾、旱灾、风灾、地震等”和“九　雨 雪 雹”中的“雹不仅危害农作物，而且能破坏建筑物，砸伤人畜。广大农村社员试制成功土炮，土火箭，轰击冰雹云，可以减轻或者避免冰雹的危害”都呈现的是危险型自然，即自然界对人是有害的。第一册“十　自然界里水的循环”中的“广大劳动人民大力修建水库、水渠，治理河道，把水管起来，不让它泛滥成灾，并且利用它来发电、灌溉、养鱼，变水害为水利”告诉我们，如果不通过修建水库、水渠，治理河道等方式把水管起来，自然界中的水就会泛滥成灾，水对人就是有害的，因此呈现的是危险型自然。

（3）自然的类型

在自然的类型中，有 14 处呈现的是自然环境，有 19 处呈现的是人工环境。这是因为部分内容既包括了自然环境，也包括了人工环境。

如第一册“十二　风”中的“有时风太大了会造成风灾。像我国东南沿海地区夏秋季节出现的台风，局部地区发生的龙卷风，风力都很大，能吹倒房屋，伤害人畜，毁坏庄稼”，台风和龙卷风一般出现在自然环境中，但是它们又会对房屋、庄稼等人工环境造成危害。

第一册“二二　环境保护”中的“废水、废气和农药残毒等对人类生活环境，如水源、空气、土壤等的污染，叫做环境污染”呈现的就是人工环境，因废水、废气和农药都是人类使用和制造的。第二册“十　植物世界”中的“我们吃的粮食、蔬菜、水果……都是从植物得到的。我们吃的猪肉、鸡蛋、牛奶……虽然是猪、鸡、牛、羊等动物的产品，但是这些动物是吃植物生活的”呈现的是人工环境，因为粮食、蔬菜、水果等基本都是人类种植的，而猪、牛、羊等也是人类养殖的。

（4）自然的价值

对于自然的价值，教科书中有 24 处呈现的是自然的资源价值，占比 96%；有 1 处呈现的是自然的内在价值，占比 4%。如第一册“十　自然界里水的循环”中的“广大劳动人民大力修建水库、水渠，治理河道，把水管起来，不让它泛滥成灾，并且利用它来发电、灌溉、养鱼，变水害为水利”，第二册“一　动物世界”中的“我们伟大的祖国土地辽阔，动物资源十分丰富”“我国人民正在进一步开发利用丰富的动物资源，为祖国的社会主义建设服务”和“八　野兽”中的“这些野兽是我国宝贵的动物资源，应该加以保护”等，都看中自然的资源价值。如图 4-2 所示，教科书所呈现的植树造林和石油，都是呈现的树林和石油的资源价值。

植树造林好处多

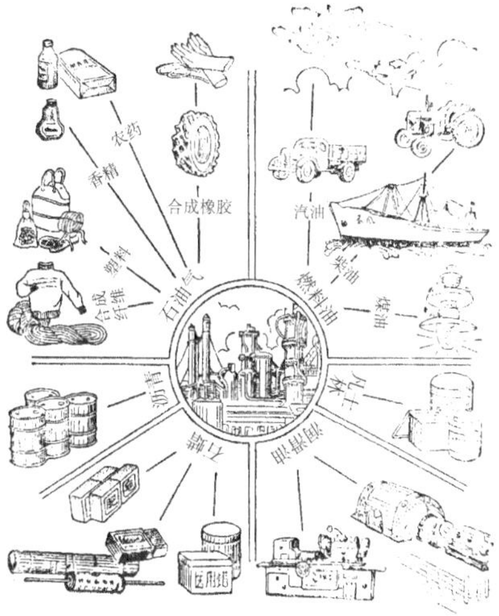

石油的用途

图 4-2　植树造林和石油对人类的价值

第一册“二二　环境保护”中的“国家大力提倡植树造林，绿化祖国，这对改造自然、净化环境是十分必要的”则部分呈现了自然的内在价值。

（5）“人—自然”的关系

从教科书所呈现的“人—自然”的关系来看，有 12 处呈现的是人控制自然的关系，有 7 处呈现的是人保护自然的关系，有 6 处呈现的是自然控制人的关系。如第一册“一　我们周围的世界”中的“我们呼吸的空气，喝的水，烧饭用的煤和柴，都是从自然界取得的”，“九　雨雪雹”中的“雹不仅危害农作物，而且能破坏建筑物，砸伤人畜。广大农村社员试制成功土炮，土火箭，轰击冰雹云，可以减轻或者避免冰雹的危害”，以及“十　自然界里水的循环”中的“广大劳动人民大力修建水库、水渠，治理河道，把水管起来，不让它泛滥成灾，并且利用它来发电、灌溉、养鱼，变水害为水利”等均呈现的是人控制自然的关系。

第一册“二二　环境保护”中的“我们一方面要发展生产，一方面要防止污染的发生，搞好保护和改善环境的工作”“国家大力提倡植树造林，绿化祖国，这对改造自然、净化环境是十分必要的”，以及第二册“八　野兽”中的“这些野兽是我国宝贵的动物资源，应该加以保护”

“国家还在出产珍贵野兽的地方划定了一些自然保护区”等均呈现了人保护自然的关系。

第一册“一　我们周围的世界”中的“自然界也会给我们带来灾害，如水灾、旱灾、风灾、地震等”呈现的是自然控制人的关系。

综上，1978年版的小学《自然常识》教科书既注重利用、征服自然，又主张保护自然，即利用与保护并重，体现的是浅层生态主义的自然观，更加倾向于利用与征服自然，但是保护自然开始进入教科书并成为其中的一章，这标志着小学自然教科书的编写迈出了历史性的一步，即保护环境开始成为小学自然教科书的重要议题。

第二节　1978年的小学自然常识教学大纲和1982年版小学自然教科书中的“人—自然”观研究

一、1978年的小学自然常识教学大纲中的“人—自然”观

1978年版《全日制十年制学校小学自然常识教学大纲（试行草案）》的教学目标是：教给学生一些浅近的自然科学知识，指导学生初步认识自然界和人对自然界的利用改造，扩大学生的知识领域，同时通过自然常识教学对学生进行政治思想教育，逐步培养学生的辩证唯物主义观点，为学生进一步学习和将来参加三大革命运动打下初步的基础①。

笔者首选对教学大纲中与“人—自然”观有关的内容进行扫描、统计（表4-5）。

表4-5　1978年的教学大纲中与“人—自然”观有关的内容②

序号	相关内容
1	小学自然常识教学的目的是，教给学生一些浅近的自然科学知识，指导学生初步认识自然界和人对自然界的利用改造
2	使学生知道整个自然界是由物质构成的，物质又是相互联系相互制约的，而且在不断变化和发展，人们能够认识它们，利用和改造它们

① 课程教材研究所．新中国中小学教材建设史（1949—2000）研究丛书：自然·社会卷［M］．北京：人民教育出版社，2011：204.

② 课程教材研究所．新中国中小学教材建设史（1949—2000）研究丛书：自然·社会卷［M］．北京：人民教育出版社，2011：204-215.

续表

序号	相关内容
3	组织学生参观本地的自然环境和工厂、农村，参加学工、学农和保护自然、改造自然等活动
4	兴修水利，战胜水害
5	风力的利用和预防风灾
6	自然界里的水是不纯净的
7	环境污染 环境保护
8	我国丰富的动物资源
9	害虫和益虫
10	保护益鸟
11	消灭害兽，保护益兽
12	我国丰富的植物资源
13	经济作物的重要性，我国主要的几种经济作物
14	（1）蒸汽机及其利用；（2）大气压及其利用；（3）飞机的用途；（4）压缩空气的利用；（5）氧气的性质和用途；（6）声音的主要特性及应用；（7）保温及散热的方法及应用；（8）红外线、紫外线和 X 射线的特性及应用；（9）花岗岩、石灰岩和大理岩的成因、性状和用途；（10）石油的成因、开采和用途；（11）生铁的冶炼、性质和用途；（12）静电在生产中的应用；（13）导体、绝缘体和半导体的性质与应用；（14）电热的应用；（15）电磁铁的构造和应用；（16）太阳能的利用

如表 4-6 所示，我们统计了 1978 年的《全日制十年制学校小学自然常识教学大纲（试行草案）》中的行为动词，发现“保护（自然）”共出现 4 次，“改造（自然）”共出现 3 次，“利用（应用、用途）”共出现 18 次。也就是说，在该教学大纲中，“改造或利用自然”占据了压倒性优势。

表 4-6　1978 年的教学大纲中与“人—自然”观有关的内容中行为动词出现的频次

序号	行为动词	出现频次	序号	行为动词	出现频次
1	保护	4	3	利用（应用、用途）	18
2	改造	3			

同时，笔者将其中不包含“保护”“改造”或“利用（应用、用途）”等行为动词的内容挑选出来，如表 4-7 所示。

表 4-7　1978 年的教学大纲中不含给定行为动词的与“人—自然”观有关的内容

序号	教学大纲内容
1	兴修水利，战胜水害
2	自然界里的水是不纯净的
3	我国丰富的动物资源
4	害虫和益虫
5	我国丰富的植物资源
6	经济作物的重要性，我国主要的几种经济作物

之后笔者运用批判话语分析对这些内容进行分析。笔者选择的研究工具是 Darren G. Hoeg 等建构的批判话语分析框架。

通过批判话语分析，得到以下结论：

（1）就课标编写者来看，纯自然可能是危险的存在，如“兴修水利，战胜水害”“自然界里的水是不纯净的”。

（2）自然的价值主要体现的是资源价值。如“我国丰富的动物资源”“我国丰富的植物资源”“经济作物的重要性，我国主要的几种经济作物”等，都是将动物、植物看作人类生存所需的资源，“经济作物”也指的是那些对人类具有经济价值的作物。

（3）衡量一切价值的标准是“人”。如“兴修水利，战胜水害”“害虫和益虫”。何为“利”“益”？何为“害”？判断的标准是什么？很明显，衡量一切价值的标准是“人”。

综上，1978 年的小学自然教学大纲体现了一种人类中心主义的自然观。

二、1982 年版小学《自然》教科书中的环境教育内容及其自然观研究

1978 年十一届三中全会之后，我国开始走向改革开放之路。改革开放一方面引入了国外的一些新教育理念，另一方面结合四化建设的需要对理科课程改革提出了新的要求。在经过一定的恢复调整之后，我国教育部于 1981 年颁布了《全日制五年制小学教学计划（修订草案）》，该草案要求加强小学自然科学常识教育①。1982 年，我国教育部印发了

① 课程教材研究所．新中国中小学教材建设史（1949—2000）研究丛书：自然・社会卷［M］．北京：人民教育出版社，2011：237-239.

《全日制五年制小学自然教学大纲（征求意见二稿）》。该教学大纲指出，小学自然教学需要“指导儿童认识人类探索自然、利用自然、改造自然、保护自然的一些重要方面，达到对人与自然的正确关系获得初步的基本认识”①。而在“教材纲要”中则包括了“人类征服自然的武器（机械、能量、物质）”。由此可见，该教学大纲对待自然的态度还是以征服、利用为主，保护为辅，认为保护环境实际上是为人类利益服务的。以该教学大纲为指导，人民教育出版社于1982年编写出版了《五年制小学课本（试用本）自然》，该教科书共六册，三年级至五年级适用，每学期一册（图4-3）。

图4-3　1982年版小学《自然》教科书

① 课程教材研究所．新中国中小学教材建设史（1949—2000）研究丛书：自然·社会卷［M］．北京：人民教育出版社，2011：245.

（一）教科书中与“人—自然”观有关的内容

笔者对该套六本教科书进行了扫描，发现与环境教育相关的内容共4章，主题分别涉及水污染、空气污染、土壤保护和保护大自然等（表4-8）。

表4-8 1982年版小学《自然》教科书中与“人—自然”观有关的内容

序号	主题	册数	章节
1	水污染问题	第二册	七　水域的污染和保护
2	空气污染问题	第四册	十九　空气的污染和保护
3	土壤保护问题	第四册	二十　土壤的保护和改良
4	保护大自然	第五册	六　保护大自然

水污染、空气污染和土壤保护都涉及具体的环境问题，而“保护大自然”则是从更加宏观的层面看待环境问题，可以说这是一个从局部到整体、从微观到宏观的过程。总体来说，教科书涉及的环境主题覆盖面比较窄，诸如全球气候变暖、酸雨问题、有毒化学品污染问题、资源和能源问题、海洋污染问题等并没有涉及，实际上这些问题在20世纪70年代就已经显现。由于当时还处于改革开放初期，国内对全球问题还缺乏关注，因此教科书里面的环境问题仅仅涉及国内的环境问题，还缺乏从全球化的视角看待环境问题的视野。

从“城市—农村”的视角来看，由于20世纪80年代我国城市化程度还比较低，因此自然教科书中环境问题的城市化倾向并不明显。总体上来说是既有城市情境，也有农村情境，甚至还保留着一定的纯自然情境。

（二）教科书中所呈现的自然观研究

1. 分析方法与框架

教科书中和环境教育相关的内容包括语言文字和图片两种类型，对于其中的教科书话语，笔者使用内容分析法对其呈现的自然观展开分析。笔者选择的是希腊学者Rea Lemoni等于2011年开发的教科书自然观分析框架[①]。对于教科书中环境教育的图片，笔者运用符号学的分析方法结合“教科书中自然观分析框架”对其呈现的自然观展开分析。笔者借助罗兰·巴特的符号学思想，将符号的能指分为两个层次：第一层是“直接意指”或“明示意（denotation）”[②]，是符号与其所指涉的外在事物之间比较明显的符号意义，在本书中表现为图片所表现的人们的环境行为或者做法；第二层是“含蓄意指”或“隐含义（connotation）”[③]，依据第一层的符号工具，给予社会价值和意义，在本书中指的是人们的环境行为或做法背后所隐藏的自然观。

2. 分析过程

首先，对该教科书中的环境教育内容进行细读、扫描，然后将每一个环境教育内容所呈现的自然观归类到相应的二级维度下（表 4-9）。为了保证研究的信度，由两名研究者同时分别对相关内容进行评定，二人的平均同意度为 90.5%。研究的信度为 95.0%，具有比较高的信度[④]。

表 4-9 1982 年版小学《自然》教科书中自然观分维度统计

一级维度	二级维度	统计
1. 对自然的隐喻	1.1 生态平衡隐喻	3
	1.2 动态生态隐喻	0
	1.3 生态网络隐喻	2
	1.4 生命竞争隐喻	0

① Rea Lemoni, Anastasia G. Stamou, George P. Stamou. "Romantic", "Classic" and "Baroque" Views of Nature: An Analysis of Pictures About the Environment in Greek Primary School Textbooks—Diachronic Considerations[J]. Research in Science Education, 2011, 41(5): 811-832.

② 李长伟. 儿童玩具的消逝：基于罗兰·巴特的符号学理论［J］. 学前教育研究，2009(4): 37.

③ 李长伟. 儿童玩具的消逝：基于罗兰·巴特的符号学理论［J］. 学前教育研究，2009(4): 37.

④ 信度计算公式为：

$$R=\frac{n\times K}{1+(n-1)\times K}$$

其中 R 为信度；K 为平均相互同意度，n 为人数。K 的计算公式为：

$$K=\frac{2M}{N_1+N_2}$$

其中 M 为两者都完全同意的栏目，N_1 为第一个评判者所分析的栏目数，N_2 为第二评判者所分析的栏目数.

续表

一级维度	二级维度	统计
2. 对自然的描述	2.1 友好型自然	0
	2.2 危险型自然	0
	2.3 中性的自然	4
3. 自然的类型	3.1 自然环境	1
	3.2 人工环境	4
4. 自然的价值	4.1 内在价值	0
	4.2 资源价值	4
5. “人—自然”的关系	5.1 人控制自然的关系	0
	5.2 人保护自然的关系	4
	5.3 相互依赖的关系	0
	5.4 自然控制人的关系	0

（1）对自然的隐喻

在教科书涉及的4个环境教育内容中，有3个呈现了生态平衡的隐喻，有2个呈现了生态网络的隐喻，动态生态隐喻和生命竞争隐喻在教科书中没有出现。总体来看，教科书以隐性的方式呈现了对自然的隐喻。在第二册“七　水域的污染和保护”这一章中指出：“但是，人们自己的活动，却常常使水域受到污染，使水质变坏。”即人的介入是造成水污染的原因，如果没有人类的活动，大自然中的水是干净的、清洁的，暗含的是生态平衡隐喻。而教科书第五册的“六 保护大自然”通过围湖造田导致湖面减小，进而导致稻田减产和湖中生物减少的例子表明，生态系统内部诸要素之间是相互关联、相互影响的，因而呈现的是生态网络隐喻。后面教科书通过无限制放牧对牧草、土壤、草原动物产生影响的一系列问题同样呈现了生态网络隐喻。

（2）对自然的描述

在教科书涉及的4个环境教育内容中，所呈现的自然全部是中性的，即自然对于人类而言既谈不上友好，也没有对人类构成威胁。如教科书第二册“十九 空气的污染和保护”指出，“人的生命离不开空气，人只有呼吸清洁新鲜的空气身体才能健康”，客观呈现了人类对空气的依赖性，但是空气对于人来讲只有利用价值，既谈不上对人类友好，也未对人类构成威胁。而“二十 土壤的保护和改良”中指出，“土壤是人类赖以生存的最根本的自然资源，我们必须认真保护和改良土壤”同样呈现的是一种中性的自然。

（3）自然的类型

在教科书涉及的 4 个环境教育内容中，有 4 处呈现的自然是人工环境，另有 1 处呈现的既有人工环境也有自然环境。无论是第二册“七　水域的污染和保护”中所呈现的被生活污水、工厂和医院等污染的河流，第四册“十九　空气的污染和保护”中所呈现的冒着浓烟的工厂，还是第五册“六　保护大自然”中的围湖造田等呈现的都是人工环境。而第五册“六　保护大自然”中指出，“保护大自然，还要保护益虫、益兽，保护珍贵稀有的生物……”则呈现的是自然环境。也就是说，教科书所呈现的主要是人工环境，但是自然环境也有所呈现。

（4）自然的价值

在教科书涉及的 4 个环境教育内容中，所呈现的自然的价值全部是资源价值，内在价值则没有呈现。如第二册“七 水域的污染和保护”中指出：“我国政府为了保护人民的健康，规定了工业废水、城市污水必须经过处理，把有害的污染物降低到对人畜健康无害的程度，才准排放到自然水域中。”即污水处理是为了人们的健康。第四册“十九　空气的污染和保护”中指出：“想一想，生活在大城市里的人，天天饱尝工厂的烟囱冒出来的烟尘和汽车排放的废气，终日生活在那烟雾弥漫几乎阳光都要透不下来的环境里，他们的身体会怎么样？”（图 4-4）环境污染最主要的是会对人们的身体产生不利影响。也就是说，无论是水还是空气，它们本身没有价值，他们的价值主要是为人类生活、健康服务，即教科书主要呈现的是一种资源价值。

图 4-4　许多工厂的烟囱冒出浓烟

(5)“人—自然”的关系

在教科书涉及的4个环境教育内容中，全部呈现了人保护自然的关系，人控制自然、人与自然相互依赖及自然控制人等关系均没有体现。这一时期的教科书所呈现的人与自然的关系总体思想是：环境问题（包括环境污染和环境破坏）都是人类的活动造成的，环境是非能动的客体，为了人类更好地生活，必须保护环境。因此，教科书一方面呈现了对自然的保护（如政府颁布政策、建立自然保护区等），另一方面也体现了人与自然的不平等。

图 4-5 居民在小河边取水用水

如图4-5所示，人们在小河里挑水回家饮用、淘米洗菜、游泳洗衣服、洗粪桶、洗农药容器，还把垃圾倒进河里，从而导致河水受到污染，水质变坏。由此，教科书提出如下问题：这条河两岸的居民应该怎样来保护这条河不受污染，免得水质变化？也就是说，河水水质可以由人类控制，人类有能力使小河河水水质变好。

3. 结论

通过以上分析可知，1982年版小学自然教科书呈现了一种浅层生态主义的自然观。可以说，教科书中的自然观是与教学大纲基本一致的，都“主张在不削弱人类利益的前提下改善人与自然的关系。它把人类利益作为出发点和归宿，认为保护资源与环境本质上就是为了人类更好的生存”，其思想基础仍然是人类中心主义的[①]。

(三) 评价：优点及其局限性

1. 优点

(1) 从利用自然到保护自然，迈出了重要一步

遍览我国的小学自然教学大纲可以发现，自新中国成立至1980年，由于受到生产力低下和认识局限性等多方面的影响，我国小学自然课程

① 雷毅. 20世纪生态运动理论：从浅层走向深层［J］. 国外社会科学，1999（6）：26-31.

一直强调指导学生（儿童）初步认识自然与人对自然的利用和改造，保护自然还没有进入教科书课程知识的范畴。这实际上体现了一种机械自然观。这种自然观以近代自然科学和工业文明为基础，强调人的主体性和理性，促进了人的觉醒和人的解放。但同时正如多尔迈在《主体性的黄昏》中所指出的那样，这种主体性实际上包括"以自我为中心的占有性个体主义；以统治自然为目标的人类中心论；不包含交互主体性的单独主体性"①。这种现代主体性必然导致人与自然关系的紧张。虽然 1982 年版的小学《自然》教科书也强调对自然的认识、探索、利用与改造，但也是保护自然第一次进入教学大纲和教科书，成为小学自然课程知识的重要指导思想，这是重大的思想转变，一方面，意味着保护环境第一次纳入了小学科学课程教学的范畴，另一方面，也意味着从机械自然观向浅层生态自然观的跃迁，在当时的历史情境下，这在思想观念上无疑是巨大的进步。

（2）环境教育内容呈现的多样性与开放性

1982 年版的小学《自然》教材从水污染和防治、空气污染和防治、土壤污染和防治及保护大自然四个方面呈现了环境问题及环境保护内容，相较于之前的教学大纲和教科书，无疑是巨大的进步。一方面，这些环境内容大多与小学生的生活直接相关，具有很强的生活性；另一方面，教科书设计了一定的环境调查和开放式的研究活动，使学生能够在一定程度上参与到环境问题中来，又能够在一定程度上提升学生的研究能力。如在第五册"六　保护大自然"中设计了如下作业："在你所居住的环境里，有没有自然界遭到破坏的事例？为什么你认为它破坏了自然界？应该采取什么措施来保护你们那里的自然环境？"

2. 局限性

（1）环境问题呈现的表层化

教科书虽然呈现了诸如水污染、空气污染、土壤污染等一系列环境问题，但仅仅是呈现了环境问题的一些表面现象，并未触及环境问题的实质。正如有学者所指出的那样，"把注意力集中在环境退化的症状上而不是原因上，这是典型的头痛医头、脚痛医脚的办法。以技术乐观主义和追求经济效率的方案来解决环境危机所涉及的伦理、社会、政治问题，

① 刘大椿．自然辩证法概论［M］．2 版．北京：中国人民大学出版社，2008：108-109.

只不过是以治标代替治本，这些做法不仅不能从根本上解决环境问题，而且本身潜伏着危机”①。实际上，教科书呈现的这种人类中心主义自然观及其背后的主客二元对立的思维模式，必将导致人类在认识和改造自然时人与自然关系的外在对立性，引导人们去达到对自然的控制和征服，从而造成环境的破坏②。正如有学者业已指出的那样，“环境道德以人类的利益为轴心，建立在其他物种对人类的有用性上，这正是以往资源保护运动失败之处”③。也就是说，人类中心主义的自然观才是环境问题深层次的根源。而教科书仅仅从现象的层面对一些环境问题做了介绍，并未触及实质。

（2）体现了片面、异化的主体性

在该教科书中，自然只有工具价值，没有内在价值。也就是说，自然只是作为客体而存在的。环境问题的造成，不在于承认人类相对于自然的主体地位，而在于人类过度张扬了人的主体性。这种主体性是片面的、狭隘的、异化的。真正的主体性，应当是承认或者部分承认生物的主体性，它们是“自己的目的”，而不仅仅是用来实现人类主体目的的手段④。该教科书所呈现的这种浅层生态学“仅仅为了人，尤其是为了富裕社会的现代人而强调资源问题”。在解决污染问题上，浅层生态学把注意力完全集中于它对于人类健康的作用方面，主张用技术来净化空气和水，缓和污染程度⑤。实际上这并没有看到环境问题的实质，所提出的环境问题应对策略也是治标不治本。

（3）环境保护措施不够具体

环境教育不仅要客观呈现存在的环境问题，而且要提出具体的、可行的环境保护措施或者设计具体的环境保护活动。1982 年版小学自然教科书虽然呈现了诸多环境问题，但是对于环境治理却没有提出有效的措施，仅仅是提出了一些倡议。如第二册“七　水域的污染和保护”呈现了由生活污水、各类工厂和机构（医院）等造成了水污染问题（图 4-6），并且指出政府对此颁布了相关政策，并进一步倡议“每个

---

① 雷毅．20 世纪生态运动理论：从浅层走向深层［J］．国外社会科学，1999（6）：26-31．
② 刘大椿．自然辩证法概论［M］．2 版．北京：中国人民大学出版社，2008：124．
③ 刘大椿．自然辩证法概论［M］．2 版．北京：中国人民大学出版社，2008：116．
④ 刘大椿．自然辩证法概论［M］．2 版．北京：中国人民大学出版社，2008：127-128．
⑤ 雷毅．20 世纪生态运动理论：从浅层走向深层［J］．国外社会科学，1999（6）：26-31．

人、每个家庭、每个单位，都应该自觉遵守国家关于环境保护的政策法令，时刻注意保护自然水域不受污染”，但是对于如何“保护自然水域不受污染”却并没有提出明确的保护措施，也并没有明确指出小学生应当如何力所能及地保护水资源或者投身到水污染的防治中去。而在“十九　空气的污染和保护”及“二十　土壤的保护和改良”中也仅仅是为学生设计了环境调查活动。

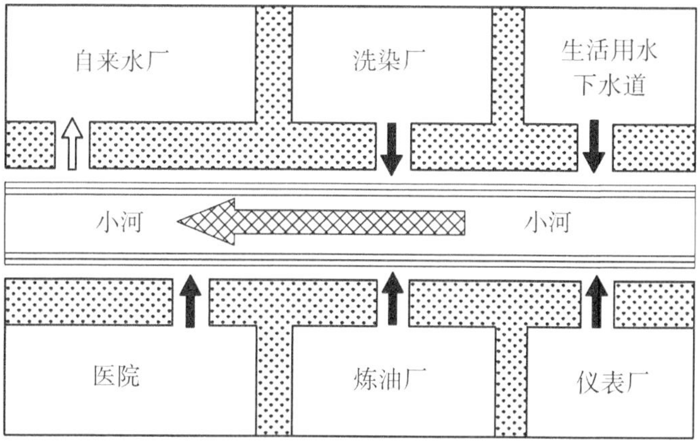

图 4-6　教科书中呈现的水污染问题

（4）环境主体的模糊化

人与自然的关系中的“人”既包括单个人，也包括集体人和整个人类。在环境问题中，不同的主体和机构对环境的破坏及承担的责任是不同的，但是教科书既没有呈现究竟是哪些主体在破坏和污染环境，也没有指明哪些主体和机构对环境保护负有责任，从而导致了环境问题中人类主体的模糊化。如“人们自己的活动，却常常使水域受到污染，使水质变坏”“人们年年围湖造田，使湖面迅速缩小，现在已不到原来的二分之一了”，都缺少明确的环境主体，即不知道水污染、围湖造田的责任主体具体是谁。同时，该教科书中的环境主体大多是“人类”“人们”“我们”这些抽象的主体，从而导致环境责任的模糊化，不同团体、机构、个体的环境责任不明。正如有研究所指出的那样，通过将环境的主体钉在“人”上，教科书使普通外行人似乎对破坏环境负有主要责任，这其实是不正确且过时的观点[①]。同时这种做法带来的另外一个问题是，将环境问题过度简单化，忽视了政治经济文化等的影响[②]。

（四）结语

可以说，在改革开放初期，该版小学《自然》教科书已经认识到在教科书中应当设计适当的环境教育内容，并且分主题、分年级呈现，这是《自然》教科书编写与环境问题应对的过程中迈出的重要一步，在当时具有一定的积极意义。但是，由于历史的原因，该教科书中的环境教育内容及呈现的自然观也存在一定的不足和局限性，这也是我们需要明确的。随着环境伦理学中的动物解放论、大地伦理学和深层生态学等的发展，“自然不仅有工具价值，而且具有内在价值，是工具价值与内在价值的统一”[③] 及“终结人与自然的对立状态，形成人与自然和谐统一的境界”[④] 已经成为学术界共识，而这也应当成为小学自然（科学）课程改革的指导思想。

第三节　1992 年版小学自然教学大纲和小学自然教科书中的“人—自然”观研究

1986 年，第六届全国人民代表大会第四次会议通过了《中华人民共和国义务教育法》（以下简称《义务教育法》），以国家立法的形式确立我国实施九年义务教育。为了落实《义务教育法》，国家教委从 1986 年 7 月开始组织编写适应九年义务教育需要的中小学教学计划和各科教学大纲。经过数年的编写、实验和修订，《九年义务教育全日制小学、初级中学课程计划（试行）》和各科教学大纲陆续颁布[⑤]。

---

① Sharma A, Buxton C A. Human-Nature Relationships in School Science: A Critical Discourse Analysis of a Middle-Grade Science Textbook[J]. Science Education, 2015, 99(2): 260-281.

② Sharma A, Buxton C A. Human-Nature Relationships in School Science: A Critical Discourse Analysis of a Middle-Grade Science Textbook[J]. Science Education, 2015, 99(2): 260-281.

③ 包庆德，李春娟．从“工具价值”到“内在价值”：自然价值论的进展［J］．南京林业大学学报（人文社会科学版），2009（3）：10-20.

④ 曹孟勤．超越人类中心主义和非人类中心主义［J］．学术月刊，2003（6）：19-24，132.

⑤ 课程教材研究所．新中国中小学教材建设史（1949—2000）研究丛书：自然·社会卷［M］．北京：人民教育出版社，2011：329.

一、1992 年的小学自然教学大纲中的“人—自然”观

1992 年《九年义务教育全日制小学自然教学大纲（试用）》的教学目标是：指导学生获得一些浅显的自然科学基础知识，同时培养他们的科学志趣，及学科学、用科学的能力，使他们受到科学自然观、科学态度、爱家乡、爱祖国、爱大自然等思想品德教育，促进他们身心健康发展①。

为了研究 1992 年《九年义务教育全日制小学自然教学大纲（试用）》中蕴含的“人—自然”观，笔者对该教学大纲中与“人—自然”观有关的内容进行梳理和统计，共在其中发现 13 条与“人—自然”观有关的内容（表 4-10）。

表 4-10 1992 年的小学自然教学大纲中与“人—自然”观有关的内容②

序号	相关内容
1	自然的教学目的是……使他们受到科学自然观、科学态度、爱家乡、爱祖国、爱大自然等思想品德教育
2	指导学生认识周围自然界常见的事物及其相互间的联系，了解人类对自然的利用、改造、保护和探索，从而对大自然的概貌和人类与自然之间的关系有一个初步的了解
3	培养学生……爱家乡、爱社会主义祖国、爱大自然、爱劳动的思想感情和健康的审美情趣
4	指导学生认识周围自然界常见事物的显著特征，知道一些人类对自然界的利用
5	培养学生爱大自然、爱家乡、爱劳动的思想情感
6	指导学生……知道一些人类对自然界的利用和保护
7	培养学生爱大自然、爱家乡、爱祖国、爱劳动的思想情感……保护有益动物的行为习惯
8	害虫和益虫，保护益虫
9	指导学生认识自然事物之间的联系和它们的运动变化规律，以及人类对自然界的利用、保护、改造和探索

① 课程教材研究所 . 20 世纪中国中小学课程标准 · 教学大纲汇编：自然 · 社会 · 常识 · 卫生[M]. 北京：人民教育出版社，2001：118.

② 课程教材研究所 . 20 世纪中国中小学课程标准 · 教学大纲汇编：自然 · 社会 · 常识 · 卫生[M]. 北京：人民教育出版社，2001：118-134.

续表

序号	相关内容
10	培养学生爱大自然、爱家乡、爱劳动的思想情感……注意保护生态环境的行为习惯
11	植树造林，保护珍贵的动植物
12	保护矿产资源
13	使学生通过直接接触自然环境获得知识，培养学生爱家乡、爱祖国、爱大自然的情操

笔者对其中的行为动词进行统计，得到表 4-11：

表 4-11　教学大纲中与自然有关的行为动词出现的频次

序号	行为动词	出现频次
1	爱（大自然）	6
2	保护（大自然或自然资源）	7
3	利用（大自然）	4
4	改造（大自然）	2

其中“爱（大自然）”出现了 6 次，“保护（大自然或自然资源）”出现了 7 次，“利用（大自然）”出现了 4 次，“改造（大自然）”出现了 2 次。由此可以看出“爱和保护大自然”是该教学大纲的主流理念，但是同时大纲也包含了利用和改造大自然。相对于之前的小学自然课程以征服和利用自然为主，这无疑是巨大的进步。

之后笔者选择与具体的环境保护有关的内容，进一步运用批判话语分析的方法进行分析（表 4-12）。

表 4-12　1992 年的教学大纲中具体的环境保护内容

序号	具体内容
1	保护有益动物的行为习惯
2	害虫和益虫，保护益虫
3	植树造林，保护珍贵的动植物
4	保护矿产资源

笔者选择的研究工具是 Darren G. Hoeg 等建构的批判话语分析框架。

通过运用批判话语分析，可以得到如下结论：

保护环境与大自然中的动植物也是从人类自身的利益出发的，或者说是以对人类的价值作为衡量的尺度。如“保护有益动物”“保护益虫”。何谓“有益动物”“益虫”？益是对谁有益？说话者是谁？很明显说话者是人类，也就是强调要对人类有益，“益”还是“害”的出发点或者衡量的参照物是人。

“珍贵的动植物”和“矿产资源”，何为“珍贵”？哪些属于“资源”，属于谁的资源？很明显“珍贵”和“资源”都是对人来说的。也就是说价值的尺度是人。

由此可以看出，1992 年的小学自然教学大纲对“人—自然”的关系持一种浅层生态主义的自然观，即要保护自然，但是保护自然的最终目的还是为了人本身。自然自身的价值是被忽视的。

二、1992 年版小学《自然》教科书中的环境教育内容及其自然观研究

从 1988 年开始，根据新的课程标准的精神，人民教育出版社着手编写符合时代需要的小学自然教科书。该教科书共分为两套，一是五年制 10 本，一是六年制 12 本。该教科书吸收了国际上一些比较新的理念，呈现出一些新的特征，如注重探究式学习、内容简练等。

如图 4-7 所示，1992 年版的小学《自然》教科书共 12 本，从小学一年级到小学六年级，每学期一本。

图 4-7　1992 年版的小学《自然》教科书

（一）教科书中的环境教育内容

笔者对该套 12 本教科书进行了扫描，发现与环境教育相关的内容共 4 册，章节涉及“美丽的大自然”“考察自然水域”“水域的污染和保护”“空气的污染和保护”“我国的珍稀动物”“保持水土”和“保护大自然”等（表 4-13）。

表 4-13　1992 年版小学《自然》教科书中的环境教育内容

序号	册数	章节	页码
1	第一册	美丽的大自然	P4–5
2	第六册	考察自然水域	P29–31
3		水域的污染和保护	P32–34
4	第十册	空气的污染和保护	P29–32
5	第十一册	我国的珍稀动物	P13–16
6		保持水土	P17–19
7		保护大自然	P20–22

（二）教科书中所呈现的自然观研究

1. 分析方法与框架

教科书中与环境教育相关的内容包括语言文字和图片两种类型。对于其中的教科书话语，笔者运用内容分析法对其呈现的自然观展开分析。笔者选择的是希腊学者 Rea Lemoni 等于 2011 年开发的教科书自然观分析框架。对于教科书中环境教育的图片，笔者运用符号学的分析方法结合“教科书中自然观分析框架”对其自然观展开分析。

2. 分析过程

首先，对该教科书中的环境教育内容进行细读、扫描，然后将每一个与环境教育相关的文字内容所呈现的自然观归类到相应的二级维度下（表 4-14）。

表 4-14　1992 年版小学《自然》教科书中（文字内容）自然观分维度统计

一级维度	二级维度	统计
1. 对自然的隐喻	1.1 生态平衡隐喻	0
	1.2 动态生态隐喻	12
	1.3 生态网络隐喻	3
	1.4 生命竞争隐喻	0

续表

一级维度	二级维度	统计
2. 对自然的描述	2.1 友好型自然	0
	2.2 危险型自然	0
	2.3 中性的自然	15
3. 自然的类型	3.1 自然环境	6
	3.2 人工环境	12
4. 自然的价值	4.1 内在价值	0
	4.2 资源价值	15
5. “人—自然”的关系	5.1 人控制自然的关系	14
	5.2 人保护自然的关系	1
	5.3 相互依赖的关系	0
	5.4 自然控制人的关系	0

同时，我们对1992版小学《自然》教科书中与环境有关的图片所呈现的自然观进行了相应的统计（表4-15）。

表4-15　1992年版小学《自然》教科书中的图片所呈现的自然观

序号	章节	描述	隐喻	情感	自然的类型	价值	人与自然的关系
1	第一册 一、美丽的大自然	美丽的山河之景	生态平衡	友好的	自然环境	内在价值	相互依赖
2		美丽的农田	生态平衡	友好的	自然环境	内在价值	相互依赖
3		美丽的森林	生态平衡	友好的	自然环境	内在价值	相互依赖
4		美丽的草原	生态平衡	友好的	自然环境	内在价值	相互依赖
5	第六册 九、考察自然水域	自然水域中的水受到了污染	动态生态	中性的	自然环境	资源价值	人控制自然
6		考察水域是否受到了污染	动态生态	中性的	自然环境	资源价值	人控制自然

续表

序号	章节	描述	隐喻	情感	自然的类型	价值	人与自然的关系
7	第六册 十、水域的污染和防护	井水被污染	动态生态	中性的	人工环境	资源价值	人控制自然
8		大量废水使河流受到污染	动态生态	中性的	人工环境	资源价值	人控制自然
9		我国政府颁布了环境保护法	动态生态	中性的	自然环境	资源价值	人控制自然
10		工业废水和城市污水经过处理之后排放	动态生态	中性的	人工环境	资源价值	人控制自然
11		水域附近不能堆放废渣、垃圾、粪便等	动态生态	中性的	人工环境	资源价值	人控制自然
12		在水域附近不乱丢垃圾	动态生态	中性的	人工环境	资源价值	人控制自然
13	第十册 九、空气的污染和防护	工业废气排放污染空气	动态生态	中性的	人工环境	资源价值	人控制自然
14		汽车、轮船、飞机排放废气污染空气	动态生态	中性的	自然环境	资源价值	人控制自然
15		调查空气污染情况	动态生态	中性的	人工环境	资源价值	人控制自然
16	第十一册 四、我国珍稀的动植物	自然保护区	动态生态	中性的	自然环境	资源价值	人控制自然
17	第十一册 六、保护大自然	河水污染造成的后果	生态网络	中性的	人工环境	资源价值	相互依赖
18		砍伐森林的后果	生态网络	中性的	人工环境	资源价值	相互依赖
19		捕杀青蛙的后果	生态网络	中性的	人工环境	资源价值	相互依赖

整合教科书文字与图片的统计，对 1992 年版小学《自然》教科书中的自然观内容进行统计（表 4-16）。

表 4-16 1992 年版小学《自然》教科书中自然观（文字+图片）分维度统计

一级维度	二级维度	文字	图片	总计
1. 对自然的隐喻	1.1 生态平衡隐喻	0	4	4
	1.2 动态生态隐喻	12	12	24
	1.3 生态网络隐喻	3	3	6
	1.4 生命竞争隐喻	0	0	0
2. 对自然的描述	2.1 友好型自然	0	4	4
	2.2 危险型自然	0	0	0
	2.3 中性的	15	15	30
3. 自然的类型	3.1 自然环境	6	9	15
	3.2 人工环境	12	11	23
4. 自然的价值	4.1 内在价值	0	4	4
	4.2 资源价值	15	15	30
5. “人—自然”的关系	5.1 人控制自然的关系	14	11	25
	5.2 人保护自然的关系	1	0	1
	5.3 相互依赖的关系	0	7	7
	5.4 自然控制人的关系	0	0	0

（1）对自然的隐喻

在教科书涉及的环境教育内容中，对自然的隐喻，文字部分共有 15 处涉及，而图片部分共有 19 张图片涉及。通过对教科书中文字和图片的统计可以看出，该教科书中的环境教育内容有 24 处呈现了动态生态隐喻，有 6 处呈现了生态网络隐喻，有 4 处呈现的是生态平衡的隐喻，生命竞争隐喻则没有得到呈现。也就是说，教科书呈现的主要是动态生态隐喻，对于生态网络隐喻和生态平衡隐喻也有一定程度的呈现。

“如果水中混入了大量对人体有害的物质，我们就说水被污染了。被污染的水通常呈黑灰、黑红或者暗褐等颜色，有腥臭等怪味，水面漂浮着油污、泡沫等物。”也就是说水中如果没有混入对人体有害的物质，水就没有被污染。水的污染与否是一个动态的过程。因此这部分内容呈现的是动态生态的隐喻。再如，“井水是不是被污染了？污染源在哪里？饮用这样的井水对人的健康有什么危害？怎么做就可以减少对井水的污染？”也就是说，井水的污染与否是一个动态的过程，因此这里呈现的同样是动态生态的隐喻。

在第一册“一、美丽的大自然”中呈现了 4 幅表现大自然和谐美丽的图片（图 4-8），大自然欣欣向荣，呈现的是大自然生态平衡的面貌，因此隐含的是生态平衡隐喻。

图 4-8　美丽的大自然图片

“水、土、植物是相互依存的：植物可以保护土不被水冲走，同时也使土不致流失；有了水和土，植物才能生存。没有建筑物的保护，土容易被水冲走，同时也使土流失，没有了水和土，植物也不能生存。”这一部分内容呈现的是水、土、植物之间相互依存的关系，体现的是生态网络隐喻。

同样，“大自然中的水、空气、土壤、植物、动物等是相互联系的，一方面遭到破坏，其他方面也会受到影响……”这里表明在生态圈中不同物种与生态要素之间的相互联系性，也体现了生态网络隐喻。同时该教科书还用图表的形式呈现了生态各要素之间的联系。下面 3 幅图（图 4-9）所呈现的是化工厂污染河水、森林遭到砍伐和青蛙遭到捕杀对人类产生的影响，这种影响是通过生态网络产生的。如化工厂污染河水，会导致鱼虾产量的减少，并且会影响田野、农田、果园、菜园的正常灌溉，从而影响草、粮食、水果、蔬菜，导致它们被污染，影响产量，并且可能对食用这些被污染食物的人体有害，同时也会使人饮用的自来水受到污染。

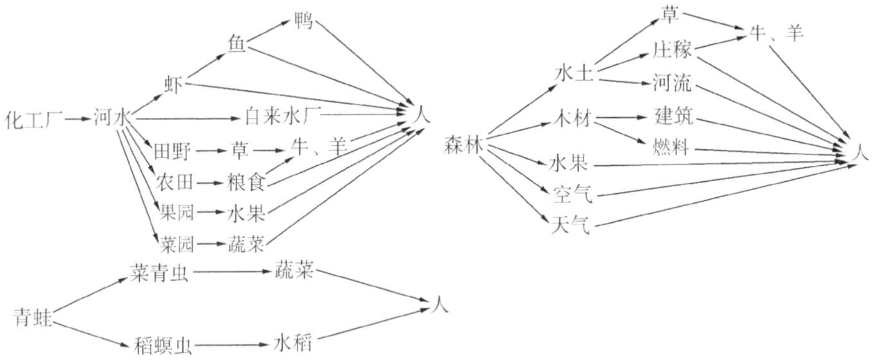

图 4-9　生态网络

（2）对自然的描述

对自然的描述中，教科书中的文字内容涉及 15 处，均呈现的是中性的自然观。图片内容中，有 19 处涉及对自然的描述，有 4 处呈现的是友好型自然，有 15 处呈现的是中性的自然。也就是说，教科书更多呈现的是中性的自然，同时也有一部分呈现的是友好型自然，而危险型自然则没有得到呈现。

在第一册“美丽的大自然”中呈现了大自然的和谐美丽，给人一种美好、心旷神怡的感觉，呈现的是友好型自然。

“我们每天生活、生产使用的水，都是从自然水域中得到的，自然水域中水质的好坏，对人的健康和工农业生产影响很大。”也就是说，自然界中的水质有好，也有坏，对人的健康和工农业生产的影响可能是正面的，也可能是负面的，即自然界中的水既不是友好型，也不是危险型，而是中性的。

“这条河是自来水厂的水源。河两岸的居民把垃圾和生活废水倒进河里，工厂把生产用废水排放到河里，医院把废水排放到河里。”也就是说，河水本身对人类并无害，但是人类将危险物品排放到河水中，导致水变得对人类有害了。因此，这里的内容呈现的同样是中性的自然。

（3）自然的类型

在自然的类型中，自然环境出现了 15 次，人工环境出现了 23 次。其中，在文字部分，自然环境出现了 6 次，人工环境出现了 12 次。在图片信息中，自然环境出现了 9 次，人工环境出现了 11 次。也就是说，在教科书的环境教育内容中，人工环境出现频次比自然环境出现频次更多。如图 4-10 所示，即是教科书所呈现的人工环境，包括农业生产环境、印染厂等对河水的污染、化工厂污染、垃圾污染水塘等。

（1）　（2）　（3）　（4）

图 4-10　教科书中的人工环境

图 4-11 中的图片所呈现的皆为自然环境，人类介入的程度比较低。其中第一幅图呈现的是河流，第二幅和第四幅图呈现的是森林，第三幅图呈现的是草原。

（1）

（2）

（3）

（4）

图 4-11　教科书中的自然环境

（4）自然的价值

在该教科书所呈现的自然价值方面，有 4 处呈现了自然的内在价值，而有 30 处呈现的是自然的资源价值。其中，文字部分，自然的内在价值出现 0 次，自然的资源价值出现 15 次；图片部分，自然的内在价值出现 4 次，自然的资源价值出现 15 次。由此可见，该教科书向读者呈现的主要是自然的资源价值。如“井水是不是被污染了？污染源在哪里？饮用这样的井水对人的健康有什么危害？”“工厂排放的烟尘废气，汽车、飞机、轮船排放的废气，居民炉灶排放的烟尘废气中，含有很多有害物质，是空气的主要污染源”等都是讲井水、空气等人类生活所需的资源，体现的是自然的资源价值（图 4-12）。

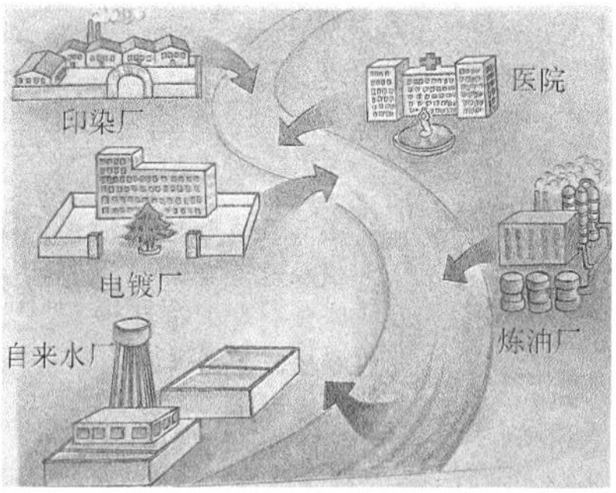

（1）

（2）

图 4-12　教科书所呈现的自然的资源价值

（5）“人—自然”的关系

关于人与自然的关系，该教科书有 7 处呈现的是人与自然的相互依赖，而有 25 处呈现的是人控制自然，有 1 处呈现的是“人保护自然”，“自然控制人”则完全没有得到呈现。因此，该教科书主要呈现的是人控制自然的关系，但是人与自然的相互依赖和人保护自然也有一定程度的呈现。

如“水域污染严重威胁着人民的健康，为了保护人民的健康和水产资源，我国政府专门颁布了包括保护自然水域在内的‘环境保护法’”，“树叶能吸附空气中的灰尘，有些树叶有监测空气污染的作用，所以，我们要大量植树造林”，这些都反映了人控制自然的关系。

“大自然中的水、空气、土壤、植物、动物等是相互联系的，一个方面遭到破坏，其他方面也会受到影响，从而直接或间接地威胁人的生存，使人受到惩罚。”这反映了人与自然相互依赖的关系。

“保护大自然的空气、土壤、山山水水，保护大自然的植物、动物，特别是那些珍稀的动植物，保护大自然的地下宝藏……保护大自然就是保护人类赖以生存的环境，人人都要关心，人人都要尽力。”这都反映了人保护自然的关系。

（三）结论、优点与不足

1. 研究结论

通过上面的分析可以看出，1992 年版小学自然教科书呈现的自然观的主要特征是：（1）动态生态的自然观；（2）以中性的自然为主；（3）呈现的主要是人工环境；（4）体现的是自然的资源价值；（5）体现了人控制自然的关系。

1992年版小学自然教科书呈现的是浅层生态主义的自然观，即既利用自然又保护自然，保护自然是为了更好地利用自然。也就是说，这种自然观，从最本质的意义上说，仍然是一种人类中心主义的自然观。保护自然最终是为人的，人是一切价值与目的的核心，自然自身没有价值。

2. 优点

（1）保护环境开始占据主流话语。在之前的小学自然教学大纲和教科书中，虽然也主张保护自然，但是征服自然、改造自然、利用自然才是主流话语，保护、改造是为了更好地征服与利用。征服，意味着将自然放在了人类的对立面，人与自然的关系是“我”与“敌”的关系。如1956年的《小学自然教学大纲（草案）》指出，要“为消灭危害人民的最严重的疾病而斗争”①。1977年的《全日制十年制学校小学自然常识教学大纲（试行草案）》就指出，要使学生了解“人类认识自然、改造自然的斗争”②。但是，无论是1992年的教学大纲中还是以之为标准编写的教科书中，改造自然、与自然进行斗争都没有出现，而保护自然则成了主流话语。

（2）呈现了自然之美及对大自然的欣赏。如小学自然教科书第一册第一章“美丽的大自然”就用几张图片的形式呈现了大自然的美好：广袤、壮丽、富饶……这是以往的小学自然教科书所没有的。从人与自然关系的角度来看，这是当时的人对大自然态度的转换，大自然从“对立的敌人”及被改造的对象向被欣赏的对象转变。表明，人与自然的关系已经不再是“我”与“他者”的关系，而是“我”与“你”的关系。

（3）环境问题呈现的多样性。小学自然教科书对于水污染与保护、空气污染与保护、水土的流失与保持等都有一定程度的涉及，对这些环境问题的现状、成因及环境保护策略都有一定探讨，这在当时的历史情境下无疑是巨大的进步。

3. 不足

通过以上分析，我们发现，这一版本的小学自然教科书呈现了浅层

---

① 课程教材研究所.20世纪中国中小学课程标准·教学大纲汇编：自然·社会·常识·卫生[M].北京：人民教育出版社，2001：60.

② 课程教材研究所.20世纪中国中小学课程标准·教学大纲汇编：自然·社会·常识·卫生[M].北京：人民教育出版社，2001：78.

生态主义的自然观。同时，在细节上，该教科书所呈现的“人—自然”观还存在以下 4 个方面的问题：

（1）环境主体的模糊化。如第六册教科书“第九章 考察自然水域”就指出：“被污染的水通常呈黑灰、黑红或暗褐等颜色，有腥臭等怪味，水面漂浮着油污、泡沫等物。水中的有害物质叫做污染物，污染物的来源叫做污染源。”虽然该教科书中提到了污染源，但是并没有对污染源进行探讨，并没有涉及环境问题的责任主体，从而导致环境责任主体的模糊化。对于环境问题，并不是所有人都是环境的责任主体，也就是说并不是每一个人都客观上造成了环境污染和环境破坏。同时，也不是每一个主体都有义务和能力进行环境治理。因此，在环境保护行动中需要使学生明晰环境问题的权责非常必要，同时也需要使学生明确：作为小学生的他们，能做什么，应该做什么？否则，环境主体的模糊化，既不利于环境问题的解决，也不利于环境教育的展开。图 4-13 所示为被污染的水域。

图 4-13 被污染的水域

（2）关注点以工业生产污染为主，对生活污染关注不够。从我国 20 世纪 90 年代实际情况来看，环境污染主要包括生活污染和工商业污染等。但是，从内容来看，教科书主要呈现了工商业对环境的污染或者说负面影响，对生活污染如生活污水排放、生活垃圾处理、生活废气排放等的负面影响并未呈现。如图 4-14 所示，教科书呈现了印染厂、医院、炼油厂、电镀厂等对河水的污染，这种污染会影响自来水的水质。实际上居民生活同样会对河水造成污染，包括生活污水排放、生活垃圾的任意丢弃等，都会造成河水污染，但是对这一点教科书中并没有呈现。

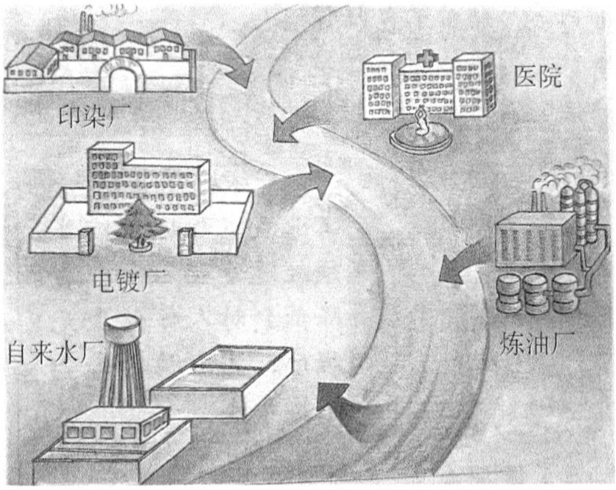

图 4-14　各机构部门对河水的污染

（3）环境保护措施不够具体。该教科书指出，“水域污染严重威胁着人民的健康，为了保护人民的健康和水产资源，我国政府专门颁布了包括自然水域在内的‘环境保护法’”“每个公民都必须遵守‘环境保护法’，自觉保护自然水域不受污染”。环境保护既需要立法，也需要所有公民（包括学生）和机构行动起来，参与到环境保护中来。小学阶段的环境教育就是要使学生认识到环境污染的情况、危害，并且还要使他们知道他们能够做什么，即环境保护从小做起，从身边的事情做起。无论是老师还是学生，对于“环境保护法”都不太了解，对如何依照“环境保护法”自觉保护水域更是不甚了然，因此这样的课程内容效果未必好。“为了避免受大自然的惩罚，我们在利用自然、改造自然的同时，必须注意保护大自然”，“保护大自然的空气、土壤、山山水水。保护大自然的植物、动物，特别是那些珍稀的动植物，保护大自然的地下宝藏……”，至于如何保护，教科书则没有论及。

（4）环保行动的简单化。对于应当如何保护环境，教科书论及不多，大多是引用“环境保护法”，如“‘环境保护法’规定，工业废水和城市污水，必须经过处理，把有害物质降低到对人体健康无害的程度，才准许排放到自然水域中去”。首先，这些并不是学生力所能及的范畴；其次，这些仅限于法律法规的范畴，但是法律所能规定的内容非常有限，所以需要伦理道德的规范，即环境伦理。

这些问题是需要在后续的自然教科书编写中注意和改进的。

三、“人—自然”观视角下小学自然教科书和教学大纲的一致性探讨

从对教学大纲和教科书中的“人—自然”观的分析可以发现，1992年版的小学自然教科书和1992年的小学自然教学大纲中的“人—自然”观基本一致，都体现了浅层生态的自然观。这一方面说明教科书的编写基本上忠实地体现了教学大纲的思想理念，另一方面说明浅层生态自然观是当时占据主导地位的自然观。

同时，也应当看到，1992年的小学自然教学大纲在利用自然与保护自然之间，更加强调保护自然（图4-15）。

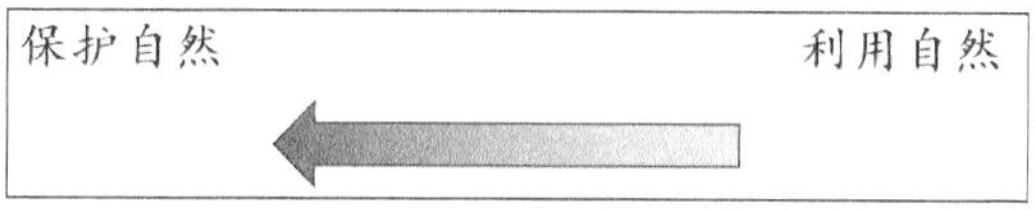

图4-15　1992年的小学自然教学大纲中的“人—自然”观

但是，1992年的小学自然教科书在利用自然与保护自然之间，更加强调利用自然（图4-16）。

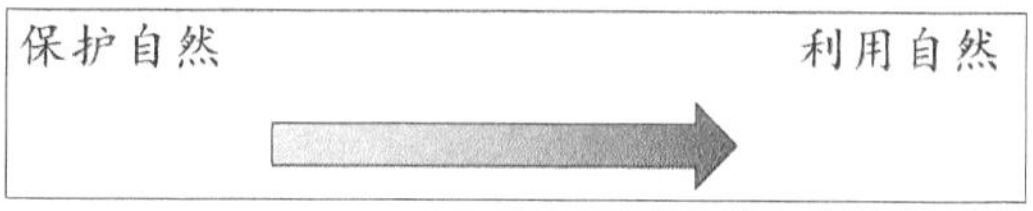

图4-16　1992年版小学《自然》教科书中的“人—自然”观

由此可见，虽然1992年版的小学《自然》教科书和1992年的小学自然教学大纲中都体现了浅层生态的自然观，但二者还是存在程度上的差异性。

第五章

进阶的生态主义：

2001—2019 年
小学科学教科书中的
“人—自然”观研究

2001年，我国启动了新一轮的课程改革，其中对小学自然课程的改革力度最大：由原来的小学“自然”课程向小学“科学”课程转变。这一转变意味着课程目标的转变，即由传授浅近的科学知识向进行科学启蒙、培养初步的科学素养转变。学习内容由原来的自然常识向科学知识与能力转变；学习方式由原来的纯知识学习向注重科学探究转变。同时，由教学大纲向课程标准转变，意味着更全面细致，对教师展开工作的教学指导性也更强。

第一节　2001年版小学科学课程标准和小学科学教科书中的“人—自然”观研究

一、2001年版小学科学课程标准中的“人—自然”观

随着环境意识逐渐深入人心，欣赏、保护、善待自然也已经深入人心，被人们所接受和认同。同时，这些环境保护思维、生态思维也成为小学科学课程所体现的主流意识形态。2001年教育部颁布《全日制义务教育科学课程标准（实验稿）》包括《全日制义务教育科学（3~6年级）课程标准（实验稿）》（以下简称《科学（3~6年级）课程标准》）。下面我们就2001年的小学《科学（3~6年级）课程标准》中的“人—自然”观展开分析。笔者对2001年的小学《科学（3~6年级）课程标准》中与“人—自然”观有关的内容进行统计，得到表5-1。

表5-1　2001年版小学《科学（3~6年级）课程标准》中与“人—自然”观有关的内容

序号	与“人—自然”观有关的内容
1	使他们了解科学、技术与社会的关系，乐于与人合作，与环境和谐相处
2	亲近自然，欣赏自然，珍爱自然，积极参与资源和环境保护
3	珍爱并善待周围环境中的自然事物，初步形成人与自然和谐相处的意识
4	认识人类与地球环境的相互作用，懂得地球是人类唯一家园的道理
5	意识到人与自然要和谐相处
6	珍爱生命
7	能从自然中获得美的体验，并用一定的方式赞美自然美

续表

序号	与"人—自然"观有关的内容
8	从自己家中一周用掉多少个一次性塑料袋，估算其对本地区可能造成的危害
9	养成爱护花草树木的习惯
10	了解保护动物特别是保护濒危动物的重要性
11	能认识到人类是自然的一部分，既依赖于环境，又影响环境，影响其他生物的生存
12	知道物质有可再生的和不可再生的，认识保护资源的重要性
13	意识到物质的利用会给环境带来正面和负面的影响，人对环境负有责任
14	意识到人类生存与陆地物质的密切关系及保护陆地物质的重要性
15	欣赏自然界水体的美丽
16	知道水域污染的危害及主要原因
17	了解人类对空气性质的利用
18	了解人类活动对大气层产生的不良影响，意识到保护大气层的重要性
19	欣赏美丽的天气

笔者对课程标准中与环境有关的行为动词进行统计（表5-2）。

表5-2　课程标准中与环境有关的行为动词出现的频次统计

序号	行为动词	出现频次	序号	行为动词	出现频次
1	亲近	1	5	赞美	1
2	欣赏	3	6	保护	4
3	珍爱	3	7	和谐相处	3
4	善待	1	8	爱护花草、负有责任	0

由表5-2可以看出，2001年的小学《科学（3~6年级）课程标准》，针对自然的所有行为动词全部是友善型的。出现最多的依次是"保护（自然）""欣赏（自然）""珍爱（自然）""和谐相处""亲近（自然）""善待（自然）""赞美（自然）"及"爱护花草"和"负有责任"等。人与自然之间，不是"我"和"它"之间的他者关系，而是

“我”和“你”之间的友人关系。

由此可见，2001 年版小学《科学（3~6 年级）课程标准》体现的是深层生态的自然观：对自然充满欣赏与赞美，保护自然不仅仅为人类更好地生存，更为了自然本身的和谐发展。

二、2001 年版小学科学教科书中的环境教育内容及其自然观研究——以凤凰版小学《科学》实验教科书为例

公众的环境意识已经成为一个国家和民族文明程度的重要标志。环境教育在提升公民尤其是青少年的环境意识方面发挥着重要作用。因此，环境教育主题已经成为理科教科书的重要内容。环境问题表现为环境污染和生态破坏，其实质是人的问题，说到底是人与自然关系的问题，即自然观的问题。自然观作为环境教育的基点，不仅影响着青少年对人与自然关系的理解，而且建构着青少年的生态意识。那么，我国的小学自然教科书呈现了一种什么样的自然观？这是一个值得探究的课题。笔者以凤凰版小学《科学》实验教科书为例，首先对环境教育内容进行统计，然后运用内容分析法分析其背后的自然观，发现存在的问题，进而为小学科学教科书的修订及其教学提供必要的启示。

自 2001 年启动新课程改革以来，我国颁布了《全日制义务教育科学（3~6 年级）课程标准》，由原来开设“自然”课程改为开设“科学”课程，同样是从三年级开始开设。2017 年我国教育部颁布了修订版的《小学科学课程标准》，对小学科学课程体系和内容进行了重新设计，从小学一年级开始开设科学课程，同时对原有《科学》教科书重新进行编写与修订。但是对旧版的小学《科学》教科书中的环境教育及其自然观进行研究同样具有重要的意义。凤凰版小学《科学》教科书（图 5-1）由郝京华、路培琦担任主编，由小学科学教育专家和小学科学教师共同编写完成。

图 5-1　2001 年凤凰版小学《科学》教科书

（一）凤凰版小学《科学》教科书中的环境教育内容

笔者首先对凤凰版小学《科学》教科书中的环境教育内容进行统计（表 5-3）。教科书中有 7 处涉及环境教育内容。

表 5-3　凤凰版小学《科学》教科书中的环境教育内容

序号	主题	册数	所在章节	页码
1	水污染	三（上）	3 单元 生命之源——水	P37-38
2	塑料污染	三（上）	4 单元 它们是什么做的	P52
3	土壤保护	三（下）	1 单元 土壤与生命	P13-14
4	空气污染	四（上）	1 单元 我们周围的空气	P12-14
5	矿物资源的减少	五（下）	4 单元 岩石与矿物	P49-50
6	地表的破坏	六（上）	2 单元 我们的地球	P28
7	生态平衡	六（下）	4 单元 共同的家园	P49

由表 5-3 可知，环境教育在凤凰版小学《科学》教科书的各个年级的课程内容中均有所呈现，但是在四年级（下）和五年级（上）《科学》教科书中则没有出现。环境教育的主题包括“水污染”“塑料污染”“土

壤保护”“空气污染”“矿物资源的减少”“地表的破坏”和“生态平衡”等，涉及范围比较广泛，但是对于核辐射、噪声污染等则没有涉及。从课程内容的安排角度来看，环境污染内容首先出现的是与学生生活关系比较密切、学生能切身感受到的水污染、塑料污染和空气污染等，而后出现的是与学生生活有一定距离的、宏观的、学生无法切身感知的矿物、地表和生态等主题，符合学生的认知规律。

（二）教科书中的环境教育内容所呈现的自然观

1. 分析框架

在这一部分，在前面分析的基础上，笔者运用内容分析法对教科书中环境教育内容所呈现的自然观展开进一步分析。笔者选择的是希腊学者 Rea Lemoni 等于 2011 年开发的教科书自然观分析框架。

2. 凤凰版小学《科学》教科书中的自然观统计与分析

笔者先对凤凰版小学《科学》教科书中的环境教育内容进行细读、扫描，然后将每一个环境教育内容所呈现的自然观归类到相应的二级维度下（表 5-4）。为了保证研究的信度，由两名研究者同时分别对相关内容进行评定，二人的平均同意度为 94. 6%。研究的信度为 97. 2%，具有比较高的信度。

表 5-4　凤凰版小学《科学》教科书中的自然观统计

一级维度	二级维度	统计
1. 对自然的隐喻	1. 1 生态平衡隐喻	6
	1. 2 动态生态隐喻	0
	1. 3 生态网络隐喻	1
	1. 4 生命竞争隐喻	0
2. 对自然的描述	2. 1 友好型自然	2
	2. 2 危险型自然	0
	2. 3 中性的自然	7
3. 自然的类型	3. 1 自然环境	1
	3. 2 人工环境	7

续表

一级维度	二级维度	统计
4. 自然的价值	4.1 内在价值	1
	4.2 资源价值	7
5. “人—自然”的关系	5.1 人控制自然的关系	0
	5.2 人保护自然的关系	7
	5.3 相互依赖的关系	0
	5.4 自然控制人的关系	0

（1）对自然的隐喻

在教科书涉及的7个环境教育内容中，有6个呈现了生态平衡的隐喻，只有1个呈现的是生态网络的隐喻，动态生态隐喻和生命竞争隐喻则没有在教科书中出现。如在三年级（下）的“土壤保护”这一章中，教科书用“喷洒农药”“抛撒垃圾”“开窑烧砖”和“开山毁林”四张图片表明了人类活动对土壤的破坏，潜在的前提假设是：如果没有人类的这些活动，自然将会是和谐的、平衡的系统，因此呈现的是生态平衡隐喻。而在六年级（下）的“共同的家园”这一章中，教科书通过鹿的天敌被猎杀，从而导致鹿的数量剧增，鹿由于缺乏足够的食物而被饿死或者不健康，而农作物也被饥饿的鹿破坏的事例表明，自然是一个生态网络系统，中间的某一个节点出现问题就会导致整个网络发生紊乱，因此呈现的是一种生态网络隐喻。

也就是说，凤凰版小学《科学》教科书中的环境教育内容主要呈现的是生态平衡隐喻，即大自然在没有人类干预的情况下是和谐的、平衡的。

（2）对自然的描述

在教科书涉及的7个环境教育内容中，有6个呈现的自然是中性的，即自然对于人类而言既谈不上友好，也没有对人类构成威胁；另有1个呈现的是友好型自然；危险型自然则没有得到呈现。如三年级（上）中的“生命之源——水”指出，“如果水中溶解了对人体和其他生物有害的物质，水就被污染了”，而“绝大多数的水污染是由人类活动引起的”。也就是说，如果水不被污染，就不会对人类有害，呈现的是中性的自然。

四年级（上）“我们周围的空气”这一章中，教科书指出“清洁的空气有利于我们的健康”和“森林有‘氧气制造厂’‘天然空调器’‘绿色蓄水池’和‘空气净化器’等美誉”，即自然对于人类是有益的，呈现的是友好型自然。

（3）自然的类型

在教科书涉及的7个环境教育内容中，有5个呈现的自然是人工环境，另有2个呈现的既有人工环境也有自然环境。如在三年级（上）中的“生命之源——水”这一章中，教科书以图片的形式呈现了“污染的水使鱼死亡”“污染的水使红树林死亡”“农业污染”等人工环境。而在四年级（上）“我们周围的空气”这一章中，教科书用一张图片表明，在未被污染的自然环境中，空气是清新的。在六年级（上）“我们的地球”这一章中，教科书呈现了沙漠和泥石流等自然环境。自然环境是中性的或者友好型的，而人工环境则大多是被人类污染破坏的，通过对比的方式表明了环境污染和破坏是由人类造成的。

（4）自然的价值

在教科书涉及的7个环境教育内容中，所呈现的自然的价值中，有6个是资源价值，另有1个既呈现了内在价值又呈现了资源价值。教科书将水、土壤、空气、矿物等作为人类生产生活的资源，人类保护环境及资源就是为了人类自身更好地生活与发展。如果水、土壤、空气等被污染，就会不利于人的身体健康。如教科书四年级（上）“我们周围的空气”这一章就指出，“武安的空气中含有大量的有害物质，空气污染严重时，会危害人类健康和动植物生长”，“汽车尾气会麻痹人的神经，造成体内缺氧，损伤大脑，导致记忆力衰退，甚至造成铅中毒”。在这一章中，教科书通过一幅未被污染的某地的自然环境呈现了山清水秀的自然之美。

（5）“人—自然”的关系

在教科书涉及的7个环境教育内容中，全部呈现了人保护自然的关系，人控制自然、人与自然相互依赖及自然控制人等关系均没有体现。如教科书三年级（上）“生命之源——水”这一章指出，水污染导致了“水资源危机，已成为人类面临的严峻问题”。为了缓解水资源问题，人类就需要节约用水。而教科书三年级（下）“土壤与生命”这一章指出，人类的种种活动已经对土壤造成了破坏，为了保护土壤，需要植树造林，并且加强环保宣传。这些都是人类保护环境的典型例子。但是，这实际上呈现了一种人与自然之间的“主—客”关系，而这种关系实际上是一种不平等的关系。

3. 结论

通过以上分析可知，凤凰版小学《科学》实验教科书呈现了一种浅层生态主义的自然观，即“主张在不削弱人类利益的前提下改善人与自然的关系。它把人类利益作为出发点和归宿，认为保护资源与环境本质上就是为了人类更好的生存”[①]，其思想基础仍然是人类中心主义的。“在资源问题上，浅层生态学仅仅为了人，尤其是为了富裕社会的现代人而强调资源问题。”在解决污染问题上，浅层生态学把注意力完全集中于它对于人类健康的作用方面，主张用技术来净化空气和水，缓和污染程度[②]。实际上这一方面并没有看到环境问题的实质，另一方面所提出的环境问题应对策略也是治标不治本。

（三）存在的问题与应对策略

1. 存在的问题

（1）环境问题呈现的表层化。该教科书虽然呈现了一系列环境问题，但只是呈现了环境问题的一些表面现象，并未触及环境问题的实质。正如有学者所指出的那样，“把注意力集中在环境退化的症状上而不是原因上，这是典型的头痛医头、脚痛医脚的办法。以技术乐观主义和追求经济效率的方案来解决环境危机所涉及的伦理、社会、政治问题，只不过是以治标代替治本，这些做法不仅不能从根本上解决环境问题，而且本身潜伏着危机”[③]。实际上，该教科书这种人类中心主义自然观及其背后的主客二元对立的思维模式，必将导致人类在认识和改造自然时人与自然关系的外在对立性，从而引导人们去达到对自然的控制和征服，最终造成对环境的破坏[④]。也就是说，人类中心主义的自然观才是环境问题深层次的根源。而该教科书仅仅从现象的层面对一些环境问题做了介绍，并没有触及实质。

（2）环境问题与应对措施的错位。该教科书呈现了大量环境问题，

① 雷毅. 20 世纪生态运动理论：从浅层走向深层［J］. 国外社会科学，1999（6）：26-31.
② 雷毅. 20 世纪生态运动理论：从浅层走向深层［J］. 国外社会科学，1999（6）：26-31.
③ 雷毅. 20 世纪生态运动理论：从浅层走向深层［J］. 国外社会科学，1999（6）：26-31.
④ 刘大椿. 自然辩证法概论［M］. 2 版. 北京：中国人民大学出版社，2008：124，115.

如由农业污染、工业污染、生活污染等造成了水资源的污染和水资源危机，但是并没有提出有效的措施，也并没有设计相关活动讨论产生这些问题的原因，而仅仅是主张节约用水。水污染问题的复杂化、多元化与应对举措的单一化之间存在严重的错位。而在四年级（上）“我们周围的空气”这一章中，教科书探讨了汽车尾气、焚烧垃圾对人身体健康可能造成危害，但是没有呈现任何应对措施。其他几个环境教育内容也存在类似的问题。该教科书中的一些环境教育内容往往仅呈现了环境污染和环境破坏等现象，并未分析其深层次原因，也没有提出具体的环境保护措施。

（3）环境教育内容的窄化。这里面包括三个方面的问题。一是环境的窄化。虽然该教科书也涉及了一些自然环境，但是呈现的主要是人工环境等。也就是说该教科书所呈现的环境大多与人类利益息息相关。这种只从人类的利益出发关注环境、保护环境的做法与观念，缩小了自然环境概念的外延，将自然环境限制在人类的环境之内。也就是仅仅着眼于保护与人类有关的生态环境而不是保护所有物种的生态环境……以人类的利益为中心，建立在其他物种对人类有用上，这正是以往资源保护运动的失败之处①。二是环境课程知识的窄化。有学者指出，关于人类社会与自然界相互作用方面的知识包括：环境伦理（人与自然的合理关系、人对自然的态度、价值观等）、人类对自然生物环境的影响、生态环境对人类社会的作用②。很明显该教科书仅仅呈现了一些环境污染和环境破坏现象，即浅层次地呈现了人类对自然生物环境的影响，而环境伦理和生态环境对人类社会的作用则基本上处于空无状态。三是环境问题的窄化。教科书所呈现的环境问题基本上都是我国存在的问题，而实际上环境问题与环境保护业已成为全人类都应当面对的课题，环境问题也已成为全球风险社会的一部分。因为环境问题的治理需要全人类的参与，基于此，应当培养具有国际视野、能够在全球范围内承担环境责任的公民。

（4）环境主体的模糊化。人与自然的关系中的“人”既包括单个人，也包括集体人和整个人类。在环境问题中，不同的主体和机构对环

---

① 刘大椿．自然辩证法概论[M]．2版．北京：中国人民大学出版社，2008：124，115.

② 史万兵．环境教育的基础理论研究［J］．教育研究，1998（4）：54-59.

境的破坏及承担的环保责任是不同的，但是该教科书既没有呈现究竟是哪些主体在破坏和污染环境，也没有呈现哪些主体和机构对环境保护负有责任，从而导致了环境问题中人类主体的模糊化。四年级（上）“我们周围的空气”指出，“汽车尾气会麻痹人的神经，造成体内缺氧，损伤大脑……”“焚烧垃圾会产生大量的黑烟和有害物质……”都缺少明确的环境主体，即不知道汽车尾气、焚烧垃圾的责任主体是谁。同时，教科书中的环境主体大多是“人类”“人们”“我们”这些抽象的主体，从而导致环境责任的模糊化，不同团体、机构、个体的环境责任不明。正如有研究所指出的那样，通过将环境的主体钉在“人”上，教科书使普通外行人似乎对破坏环境负有主要责任，这其实是不正确且过时的观点①。同时这种做法带来的另外一个问题是，将环境问题过度简单化，忽视了政治、经济、文化等的影响。实际上，农业、工业和采矿等生产活动而非不当地使用各种资源才是环境污染和环境破坏的主要原因②。

2. 应对策略

通过上面的研究，我们不仅发现凤凰版小学《科学》教科书呈现了浅层生态主义的自然观，而且发现了其环境问题呈现方面存在的一些问题。基于此，笔者以奈斯（Arne Naess）深层生态学和罗尔斯顿（H. Rolston）的生态伦理学作为指导，提出以下建议：

（1）拓宽环境教育内容。一是更多地呈现自然的内在价值。相关研究表明，自然中的某些事物或生态系统具有主体性和内在价值。因而，自然是“自己的目的”，而不仅仅是实现人类主体的目的的手段。因此，我们需要尊重非人类的自然物和一切生命的存在权利③。如罗尔斯顿认为，自然不仅具有工具价值，而且具有文化象征价值、美学价值、多样性和统一性的价值及生命价值等④。这些可以在教科书中适当地呈现。二是拓展环境的范围，将与人类生产生活没有直接联系的自然环境也纳入进来，实际上许多自然环境也受到了一定程度的污染和破坏。三是在

---

① Sharma A, Buxton C A. Human-Nature Relationships in School Science: A Critical Discourse Analysis of a Middle-Grade Science Textbook[J].Science Education, 2015, 99(2): 260-281.

② Sharma A, Buxton C A. Human-Nature Relationships in School Science: A Critical Discourse Analysis of a Middle-Grade Science Textbook[J].Science Education, 2015, 99(2): 260-281.

③ 刘大椿．自然辩证法概论[M]．2版．北京：中国人民大学出版社，2008：127.

④ 杨冠政．环境伦理学概论［M］．北京：清华大学出版社，2013：162-165.

环境教育内容中适当整合一些环境伦理方面的内容。

（2）揭示环境问题的深层次原因。一方面，教科书编写涉及方方面面，是一项复杂的工程。面对环境教育问题，教科书编写者需要不断学习，提升自身对环境问题的认识与理解。另一方面，在教科书编写或者评审过程中，可以聘请环境伦理学方面的专家作为教科书环境教育内容的顾问或者评审专家，从专业的角度对教科书中的环境教育内容进行把关。教科书不能仅仅停留在呈现环境污染和环境破坏现象这一层面，还要揭示环境问题产生的社会、政治等方面的深层次根源，使学生对环境问题形成更深刻、全面的认识。

（3）设计多样化的环境保护活动。通过前面的分析我们已经发现，教科书设计的环境保护活动太少，不能满足课标的要求，也难以培养学生的环保意识和环保能力。因此，教科书有必要在以后的修订过程中设计多样化的环境保护活动，如环境调查、学术报告、海报墙报、方案设计、辩论赛等。这些活动既可以在正文中呈现，也可以出现在课后作业中。这些环境保护活动要尽量做到趣味性强、学生高度参与且与当地的环境问题相关联等。

（4）明晰环境主体及其权责。包括环境污染与破坏的主体及环境保护的责任主体。这里的主体既可以是单个个体，也可以是一个群体、一个组织、不同国家机构，还可以是整个社会或者整个人类命运共同体。但是需要明确，究竟是哪些主体污染或者破坏了环境？他们都破坏了哪些环境？他们是如何破坏环境的？不同主体在环境保护中应当承担哪些责任？作为个体的学生能够做什么？不同国家机构应当如何作为？全人类应当如何应对环境问题？

四、凤凰版小学《科学》教科书与2001年版小学《科学（3~6年级）课程标准》中的“人—自然”观的一致性探讨

通过上面的分析，我们可以看出，凤凰版小学《科学》教科书与2001年版小学《科学（3~6年级）课程标准》中的“人—自然”观存在着一定程度的不一致。2001年版小学《科学（3~6年级）课程标准》呈现的是深层生态的“人—自然”观，而凤凰版小学《科学》教科书呈现的是浅层生态的自然观。凤凰版小学《科学》教科书呈现的是过时的自然观。也就是说凤凰版小学《科学》教科书与2001年版小学《科学

（3~6 年级）课程标准》中的“人—自然”观存在着一定的差距。这是需要教材编写者在后续的研究中完善与改进的。

第二节 2017 年版小学科学课程标准和教科书中的“人—自然”观研究

2017 年，在对 2001 年《全日制义务教育科学（3~6 年级）课程标准（实验稿）》进行修订的基础上，教育部颁布了《小学科学课程标准》。新课标相对于实验版课标，有几个明显的变化，其中包括：（1）小学科学课程从一年级开始；（2）以 STEM 教育理念统领新课标，工程和技术内容进入科学课程。在此基础上，各出版社组织人员编写了新版小学科学教科书。下面，笔者首先对 2017 年版小学科学课程标准所呈现的“人—自然”观进行分析，然后对 2017 年人教版小学科学教科书进行分析。

一、2017 年的小学科学课程标准中的“人—自然”观分析

2017 年的《小学科学课程标准》的课程总目标是培养学生的科学素养，并为他们继续学习、成为合格公民和终身发展奠定良好基础。其中，“科学、技术、社会和环境”即 STSE 教育是这一版课程标准的核心维度之一。也就是说，环境教育在这一版小学科学课程标准中不可或缺，甚至占有比较大的比重。实际上也确实如此。

下面笔者对 2017 年的《小学科学课程标准》中呈现的与“人—自然”观或者环境教育相关的内容进行扫描，并编号（表 5-5）。

表 5-5 2017 年的小学科学课程标准中与“人—自然”观有关的内容①

序号	与“人—自然”观有关的内容	页码
1	当今世界，科学发现与技术创新不断涌现，为人类在更大范围、更深层次上认识并合理利用自然提供了可能	P1
2	培养对自然的好奇心，以及批判和创新意识、环境保护意识、合作意识和社会责任感	P2

① 中华人民共和国教育部．义务教育小学科学课程标准［M］．北京：北京师范大学出版社，2017：1-58.

续表

序号	与“人—自然”观有关的内容	页码
3	具有创新意识、保护环境的意识和社会责任感	P6
4	认识人类与环境的关系，知道地球是人类应当珍惜的家园	P7
5	认识人类与自然资源和能源的关系，知道地球是人类应当珍惜的家园	P8
6	热爱自然、珍爱生命，具有保护环境的意识和社会责任感	P14
7	了解人类可以利用科学技术改造自然，让生活环境不断得到改善	P15
8	珍爱生命，保护身边的动植物，意识到保护环境的重要性	P15
9	了解人类的生活和生产可能造成对环境的破坏，具有参与环境保护活动的意识，愿意采取行动保护环境、节约资源	P15
10	认识到……人类活动会对环境产生正面和负面的影响，自觉采取行动，保护环境	P15
11	帮助学生……形成热爱大自然、爱护生物的情感	P33
12	讨论动物与人类的关系，开展保护动物的宣传活动	P36
13	列举噪声、雾霾、污水等对人体健康的影响，养成环境保护意识	P40
14	认识到人与自然环境应该和谐相处	P43
15	认识到保护身边多种多样的生物非常重要	P43
16	帮助学生形成热爱大自然、爱护生物的情感，提高环境保护意识	P44
17	讨论人类保护自然环境和维持生态平衡的重要性	P44
18	讨论人如何与自然和谐相处，保持可持续发展	P44
19	说出人类生活离不开动植物的一些实例，初步树立珍惜动植物资源的意识	P50
20	举例说出人类生活离不开淡水，树立节约用水的意识	P50

续表

序号	与“人—自然”观有关的内容	页码
21	说出人类利用土壤进行农业生产的例子，树立保护土壤资源的意识	P50
22	说出人类利用矿产资源进行工业生产的例子，树立合理利用矿产资源的意识	P50
23	列举日常生活中一些可回收或可再利用的资源，树立回收或再利用资源的意识	P50
24	树立保护资源的意识，说出自己力所能及的保护资源的举措	P50
25	树立节约能源的意识，了解开发利用新能源的一些举措	P51
26	说出人类不合理活动对自然环境的影响，树立保护环境的意识	P51
27	举例说出人类保护环境的举措，能够针对现实环境问题提出适当建议	P51
28	初步了解地球为人类生存提供必需的资源和能源，知道保护它们的重要性	P52
29	培养学生运用科学知识解决生活中实际问题的能力，增强珍爱生命、热爱自然、保护地球资源与环境的意识和社会责任感	P52
30	认识我国是一个能源短缺的国家，我们需要节约能源，积极开发利用新能源	P52
31	调查、考察当地水体或空气污染情况，提出一些防治水体或空气污染的合理化建议	P52
32	知道某些科技产品可能对人类生活和环境产生负面影响	P54

之后，笔者对上述内容中与环境有关的行为动词进行统计分析，得到如下结果（表 5-6）：

表 5-6　2017 年的小学科学课标中与“人—自然”观有关的内容中的行为动词出现的频次

序号	行为动词	频次	序号	行为动词	频次
1	保护	22	4	节约	3
2	利用	5	5	改造	1
3	热爱（珍爱、珍惜）	10	6	防治	1

我们可以发现，其中“保护（环境）”出现了22次，“热爱/珍爱/珍惜（环境）”出现了10次，“利用（环境）”出现了5次，“改造（环境）”出现了1次，“节约（能源）”出现了3次，“防治（污染）”出现了1次。由此可以看出，2017年版《小学科学课程标准》的内容呈现以保护环境为主，同时也呈现了一定的利用与改造自然的内容。通过具体的内容分析，我们也可以看出，许多保护自然的内容实际上也是为了更好地利用自然，如“培养学生运用科学知识解决生活中实际问题的能力，增强珍爱生命、热爱自然、保护地球资源与环境的意识和社会责任感”①，实际上也主要是从资源的角度论述保护自然的重要性，即保护自然的目的是为人，实际上也体现了一种人类中心主义的观点。也就是说，2017年版的小学科学课程标准呈现的是浅层生态主义的自然观。

二、2017年人教版小学《科学》教科书中的“人—自然”观分析

笔者能够获得的两版基于2017年小学《科学》课标编写的全套小学科学教科书，分别为人教社 & 鄂教版和凤凰版。通过对这两套小学科学教科书中环境教育内容的梳理，笔者发现，与2017年版小学科学课标形成鲜明对比的是，这两套小学《科学》教科书中的环境教育内容并不多。最终笔者选择人教版小学《科学》教科书作为分析对象。

2017年人教版小学《科学》教科书由人民教育出版社和湖北教育出版社联合编著并出版发行，由金准智和郑长龙担任主编，于2017年7月正式出版。该套教科书从小学一年级到小学六年级共十二册（图5-2），每个学期一册，1~2年级每一册46页，3~4年级每一册62页，5~6年级每一册68页，随着学生年龄的增长和知识的丰富而增加学习的内容，便于教师教学和学生学习。

① 中华人民共和国教育部．义务教育小学科学课程标准［M］．北京：北京师范大学出版社，2017：52．

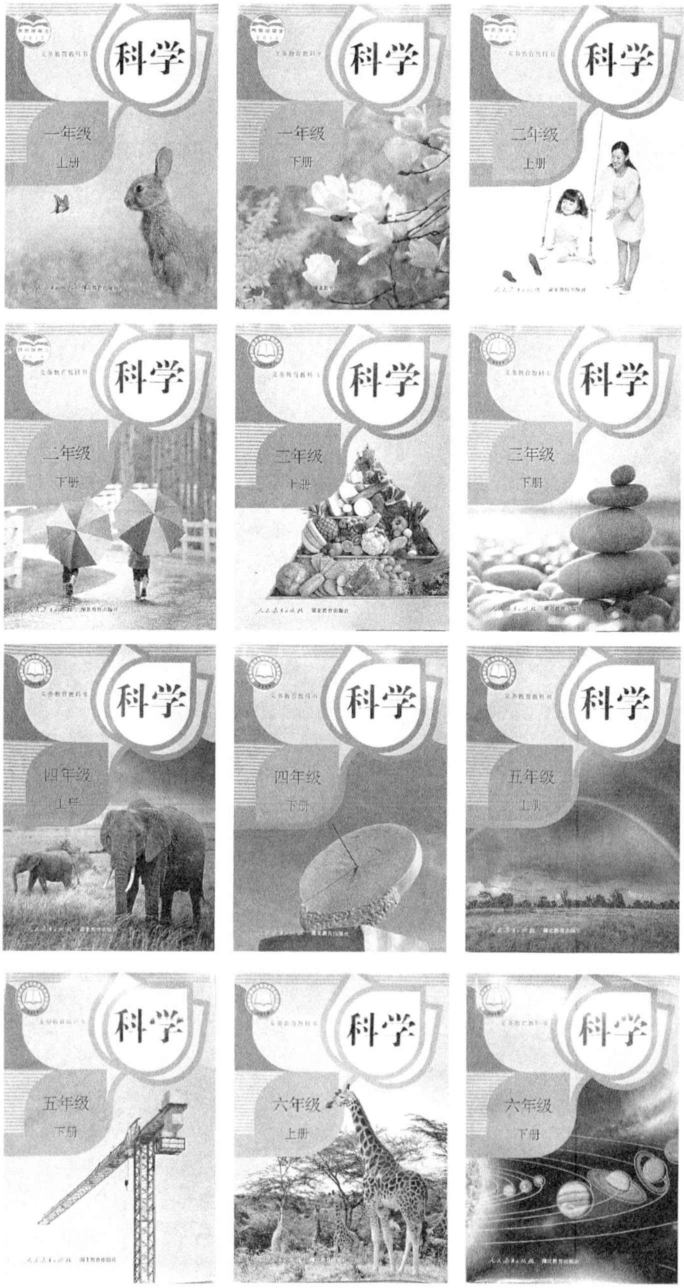

图 5-2　2017 年人教版小学《科学》教科书

笔者首先对该套教科书中的环境教育内容进行统计，发现该套教科书涉及环境教育的内容并不多（表 5-7）。

表 5-7 2017 年人教版小学《科学》教科书中环境教育内容

序号	所在位置	环境教育内容	页码
1	四年级上 第一单元 3	我国的珍稀动物	P9–11
2	六年级上 第四单元 15	自然资源的开发和保护	P53–56
3	六年级下 第一单元 1	保护生物与环境	P10–12

之后，笔者对这些环境教育内容中呈现了“人—自然”观的内容进行统计，如表 5-8 所示。

表 5-8 2017 年人教版小学《科学》教科书中与“人—自然”观相关的内容

<table>
<tr><th>序号</th><th>册数</th><th>与“人—自然”观相关的内容</th><th>页码</th></tr>
<tr><td>1</td><td rowspan="2">四年级上</td><td>白鳍豚的濒危与保护</td><td>P10</td></tr>
<tr><td>2</td><td>保护普氏原羚</td><td>P11</td></tr>
<tr><td>3</td><td rowspan="5">六年级上</td><td>水、空气、野生动物等自然资源受到了破坏，会给我们的生活带来哪些直接和间接的危害？</td><td>P55</td></tr>
<tr><td>4</td><td>日本水俣病</td><td>P55</td></tr>
<tr><td>5</td><td>调查社区或学校周围有哪些破坏自然资源的问题</td><td>P55</td></tr>
<tr><td>6</td><td>垃圾分类</td><td>P56</td></tr>
<tr><td>7</td><td>我的绿色承诺</td><td>P56</td></tr>
<tr><td>8</td><td rowspan="4">六年级下</td><td>渡渡鸟被捕杀，导致大颅榄树患上不育症</td><td>P11</td></tr>
<tr><td>9</td><td>由于围海养殖、乱扔垃圾、乱排污水、外来物种入侵等因素，红树林的面积在锐减</td><td>P11</td></tr>
<tr><td>10</td><td>建立动物救助站、基因库、自然保护区以及国家公园，都是保护生物多样性的有效措施</td><td>P11</td></tr>
<tr><td>11</td><td>联合国确定 5 月 22 日为“国际生物多样性日”，我国颁布了多部法律文件，保护生物多样性</td><td>P11</td></tr>
</table>

之后，笔者运用内容分析法对教科书中的自然观进行分析。笔者运用的是希腊学者 Rea Lemoni 建构的教科书中自然观的分析框架。

笔者对教科书中与“人—自然”观有关的内容进行归类统计，结果如表5-9所示。

表5-9　2017年人教版小学《科学》教科书中自然观的频次统计

一级维度	二级维度	频次统计
1. 对自然的隐喻	1.1 生态平衡隐喻	2
	1.2 动态生态隐喻	7
	1.3 生态网络隐喻	2
	1.4 生命竞争隐喻	0
2. 对自然的描述	2.1 友好型自然	0
	2.2 危险型自然	0
	2.3 中性的自然	11
3. 自然的类型	3.1 自然环境	6
	3.2 人工环境	8
4. 自然的价值	4.1 内在价值	5
	4.2 资源价值	8
5. “人—自然”的关系	5.1 人控制自然的关系	9
	5.2 人保护自然的关系	5
	5.3 相互依赖的关系	0
	5.4 自然控制人的关系	0

同时，笔者对教科书中与“人—自然”观相关的图片进行统计，并运用上面提到的自然观分析框架进行分析，结果如表5-10、表5-11所示。

表5-10　2017年人教版小学《科学》教科书中与“人—自然”观相关的图片

序号	册数	与“人—自然”观相关的图片	页码
1	四年级上	森林被砍伐	P10
2		藏羚羊被盗猎	P10
3		建筑物挤占动物栖息地	P10

续表

序号	册数	与“人—自然”观相关的图片	页码
4	六年级上	开采铁矿石	P53
5		砍伐树木	P54
6		水污染	P55
7		水俣病人	P55
8		学生做环境污染调查	P55
9		垃圾分类	P56
10	六年级下	渡渡鸟	P11
11		红树林	P11
12		动物救助站	P12
13		国家基因库	P12
14		青海湖自然保护区	P12
15		武夷山国家公园	P12

表 5-11　教科书中图片背后的自然观

一级维度	二级维度	频次统计
1. 对自然的隐喻	1.1 生态平衡隐喻	4
	1.2 动态生态隐喻	9
	1.3 生态网络隐喻	2
	1.4 生命竞争隐喻	0
2. 对自然的描述	2.1 友好型自然	3
	2.2 危险型自然	0
	2.3 中性的自然	12
3. 自然的类型	3.1 自然环境	10
	3.2 人工环境	6
4. 自然的价值	4.1 内在价值	5
	4.2 资源价值	14
5. “人—自然”的关系	5.1 人控制自然的关系	10
	5.2 人保护自然的关系	6
	5.3 相互依赖的关系	0
	5.4 自然控制人的关系	0

笔者将表 5-9 和表 5-11 进行整合，得到了表 5-12。

表 5-12 教科书中自然观分维度统计

一级维度	二级维度	内容频次	图片频次	总计
1. 对自然的隐喻	1. 1 生态平衡隐喻	2	4	6
	1. 2 动态生态隐喻	7	9	16
	1. 3 生态网络隐喻	2	2	4
	1. 4 生命竞争隐喻	0	0	0
2. 对自然的描述	2. 1 友好型自然	0	3	3
	2. 2 危险型自然	0	0	0
	2. 3 中性的自然	11	12	23
3. 自然的类型	3. 1 自然环境	6	10	16
	3. 2 人工环境	8	6	14
4. 自然的价值	4. 1 内在价值	5	5	10
	4. 2 资源价值	8	14	22
5. "人—自然"的关系	5. 1 人控制自然的关系	9	10	19
	5. 2 人保护自然的关系	5	6	11
	5. 3 相互依赖的关系	0	0	0
	5. 4 自然控制人的关系	0	0	0

下面，笔者将分维度对 2017 年人教版小学《科学》教科书中的自然观进行分析。

（1）对自然的隐喻

通过统计分析可以看出，教科书主要呈现的是动态生态的自然观（16 次）；生态平衡和生态网络的自然观也有一定程度的呈现，分别为 6 次和 4 次。而生命竞争的自然观则没有得到呈现。如图 5-3 所示，“砍伐森林导致野生动物失去营巢环境”① 呈现的是动态生态的隐喻，即自然是动态变化的，人在其中发挥着主导作用，自然界的这

① 人民教育出版社综合理科编辑室，湖北教育出版社教材分社．义务教育教科书・科学（四年级上册）［M］．北京：人民教育出版社，2019：10.

图 5-3 教科书所呈现的砍伐森林

种动态变化相当程度上受到人为的影响。

在六年级下“保护生物与环境”这一部分，教科书用武夷山国家公园的形象（图 5-4）向我们呈现了生态平衡的大自然的美好。

在六年级下“保护生物与环境”这一部分，教科书用生活在毛里求斯的渡渡鸟被捕杀灭绝（图 5-5），从而导致大颅榄树患上不孕症的例子，表明不同生物之间是相互关联的，体现了生态网络的自然观。

图 5-4 武夷山生态平衡

图 5-5 教科书所呈现的渡渡鸟

（2）对自然的描述

在对自然的描述中，友好型自然出现了 3 次，占比 11.5%；危险型自然没有出现，占比 0%；中性的自然出现了 23 次，占比 88.5%。由此可见，在教科书对自然的描述中，自然是以中性为主的，即自然是不带感情色彩的，对人类来说既不是友好型也不是危险型。图 5-6 展示的是被屠杀的藏羚羊，藏羚羊是代表自然的客体，既不是友好型，也不是危险型，因此是中性的自然。

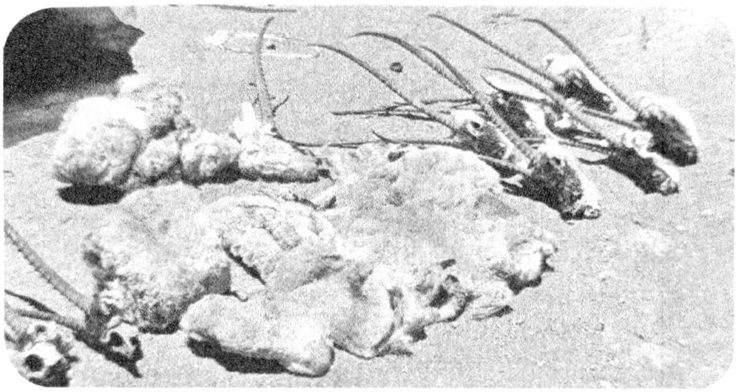

图 5-6 被屠杀的藏羚羊

而在图 5-7 中，西双版纳的野象谷则呈现的是一幅和谐、美好的画面，这样的自然呈现的就是友好型自然。

图 5-7 西双版纳野象谷

（3）自然的类型

在自然的类型中，自然环境出现了 16 次，人工环境出现了 14 次。也就是说在教科书呈现的自然中，自然环境和人工环境基本上是相同的，差别不大。如图 5-8 所示，一群学生在社区做环境调查，背后都是高楼大厦，这样的自然就是人工自然。

而像图 5-9 所示的青海湖自然保护区就是一个自然环境。

图 5-8　学生做社区调查

图 5-9　青海湖自然保护区

（4）自然的价值

教科书对自然的价值呈现中，内在价值出现了 10 次，资源价值出现了 22 次。由此可见，教科书对自然价值的呈现中，以资源价值为主，或者说更加注重呈现自然的资源价值。如图 5-10 所示，教科书提出了如下问题：水、空气、野生动物等自然资源受到了破坏，会给我们的生活带来哪些直接和间接的危害？[①] 这里呈现的即是自然的资源价值，也就是说把水、空气、野生动物等都看作人赖以生存的自然资源。

① 人民教育出版社综合理科编辑室，湖北教育出版社教材分社．义务教育教科书・科学（六年级上册）［M］．北京：人民教育出版社，2019：54.

图 5-10　教科书呈现的水污染

而像图 5-7 和图 5-9 那样，体现的是大自然的和谐与美丽，这就体现了自然的内在价值（也即美学价值）。

（5）“人—自然”的关系

在对人与自然关系的呈现中，教科书主要呈现的是人控制自然的关系（19 次），其次是人保护自然的关系（11 次），人与自然相互依赖的关系和自然控制人的关系则完全没有得到呈现。

日本化肥厂将废水排入水域湾，导致水域湾汞污染，水体污染，使鱼中毒，最终导致人生病甚至死亡。这体现了人妄图对自然进行控制，当然这种控制是失败的。而像“调查学校或者社区周围有哪些破坏自然资源的问题。针对这些问题，制订一个可行的改善方案”① 则体现了人对自然的保护。

综上所述，2017 年人教版的小学《科学》教科书呈现的是浅层生态的自然观，即既注重保护自然又主张利用自然。这种自然观有一定的合理性，但是又存在着一定的局限性，即仅仅是从人的利用出发去保护自然，实际上这是以往的环境保护运动失败的根源。只有走向深层生态主义的自然观，承认自然存在的内在价值及其合理性，才能够实现人与自然的和谐相处。

① 人民教育出版社综合理科编辑室，湖北教育出版社教材分社．义务教育教科书・科学：六年级上册[M]．北京：人民教育出版社，2019：55.

第六章

赓续与发展：

新中国成立70年
小学科学（自然）
教科书中的“人—自然”观
发展及其路径依赖

人与自然的关系是指“人与自然之间的相互联系、影响和作用的状态”，是“任何社会都存在的基本矛盾和基本关系，是人类面临的永恒主题”①。人与自然的关系中的“人”既包括单个人，也包括集体人和整个人类。人与自然关系中的“自然”同样是一个多层复合的概念。人与自然的关系包括人与环境的关系、人与自然资源的关系、人与不包括人在内的生态系统的关系、人类（社会）与环境（自然界）的关系等多种多样的关系②。希腊学者 Kostas J. Korfiatis 等人将人与自然的关系分为四种类型：人控制自然的关系、人保护自然的关系、人与自然平等（共生）的关系和自然控制人的关系③。

环境问题表现为环境污染和生态破坏，其实质是人的问题，说到底是人与自然关系的问题。“环境污染、生态破坏和环境危机等资源环境生态危机，实际上是人与自然关系失衡、失当和恶化的问题。”④ 因此，有学者认为，“人—自然”观是造成环境问题的思想根源，培养环境意识的核心是树立正确的“人—自然”观⑤。李艳坤在分析已有研究基础上指出，各国的环境教育理念都倾向于以处理人与自然的关系为基点⑥。笔者在前面历史研究的基础上，对我国小学科学（自然）教科书中“人—自然”关系的历史发展脉络与规律进行探讨，进而为我国小学科学教科书的编写提出必要的建议。

从课程改革的总体情况来说，我国小学科学（自然）课程可以分为两个阶段。1949 年到 2000 年为小学自然课程阶段，其课程指导性文件为小学自然教学大纲。“自然”课使学生“以自然界、自然事物为认识对象，通过对自然界、自然事物的认识，获取自然科学知识，了解人与自

---

① 蔡守秋. 人与自然关系中的伦理与法[M]. 长沙：湖南大学出版社，2009：前言.

② 蔡守秋. 人与自然关系中的伦理与法[M]. 长沙：湖南大学出版社，2009：3.

③ Korfiatis K J, Stamou A G, Paraskevopoulos S. Images of Nature in Greek Primary School Textbooks[J].Science Education,2004,88(1):72-89.

④ 蔡守秋. 人与自然关系中的伦理与法[M]. 长沙：湖南大学出版社，2009：1.

⑤ 蒋一之. “人—自然”观：环境教育的伦理学基础 [J]. 杭州教育学院学报，1999(5)：90-94.

⑥ 李艳坤. 初中化学教科书中环境教育内容编制的对比分析研究 [D]. 沈阳：沈阳师范大学，2009：3.

然的关系”[①]。2001 年到 2017 年为小学科学课程阶段，其指导性文件为小学科学课程标准。然而，从人与自然关系的视角对小学科学（自然）课程进行考察，我们可以发现，我国小学科学（自然）课程标准（教学大纲）中的“人—自然”观的发展主要经历了三个阶段。在第一个阶段，也就是从新中国成立伊始的 1949 年到改革开放之前的 1976 年，我国小学自然教学大纲呈现的主要是人控制自然的“人—自然”观。在第二个阶段，也就是从 1977 年颁布《全日制十年制学校小学自然常识教学大纲（试行草案）》到 21 世纪新课程启动之前，我国小学自然教学大纲呈现的是控制与保护交织的“人—自然”观。在第三个阶段，即从 2001 年颁布《全日制义务教育科学课程标准（3~6 年级）》启动新课程改革到 2017 年颁布《义务教育小学科学课程标准》，我国小学科学课程标准主要呈现的是注重人与自然的整体性的“人—自然”观。

第一节 1949—1976 年：以人为中心的“人—自然”观

从 1949 年新中国成立到改革开放之前的 1976 年，我国共颁布了三份小学自然教学大纲（表 6-1），同时出版了五套小学自然（常识）教科书。

表 6-1 1949—1976 年的小学自然教学大纲

年份	课程文件名称
1950	《小学高年级自然课程暂行标准初稿》
1956	《小学自然教学大纲（草案）》
1963	《全日制小学自然教学大纲（草案）》

新中国成立伊始，百废待兴。1949 年 12 月，新中国的第一次全国教育工作会议提出了“以老解放区新教育经验为基础，吸收旧教育某些有用的经验，特别是借助苏联教育建设的先进经验”的教育方针，该方针成为新中国课程教材建设的基本依据。据此，教育部于 1950 年颁布了《小学各科课程暂行标准初稿》，其中包括《小学高年级自然课程暂行标

① 课程教材研究所．新中国中小学教材建设史（1949—2000）研究丛书：自然·社会卷［M］．北京：人民教育出版社，2011：前言．

准初稿》[①]。对于人与自然的关系，《小学高年级自然课程暂行标准初稿》的总目标指出，要“指导学生获得最基本的自然科学常识，克服对自然的神秘迷信，树立从理解自然以利用自然、改造自然……”[②]。其“教材编选要点”规定“使儿童知道自然虽然是在不断变化着，但人类还是可以理解它、改造它，使它适合人类社会的要求……”。由此可见，在该教学大纲中，自然是为人类服务的，学习自然、理解自然的目的是满足人类自身的要求去利用自然、改造自然。利用与改造自然才是最终目的。

在原有课程标准基础上，经过数年酝酿，我国教育部于1956年公布了《小学自然教学大纲（草案）》，完全确立了社会主义的指导思想。该草案指出，小学自然教学的目标是“使儿童对周围自然界最普通的物体和现象获得必要的、初步的具体知识；在这些知识的基础上，使儿童逐步认识一些他们所能理解的自然现象间的相互联系”，但其“中心任务”或者说最终目的在于“了解人能征服自然，使自然为人类服务”。同时在教学内容部分，六年级“矿物”主题要求儿童了解“这些矿物和金属生产跟我国社会主义工业化的关系。勘探、开采、冶炼、制造等方面的英雄劳动和伟大成就的实例”。小学自然教学大纲没有涉及任何与环境保护、人类对环境的破坏相关的课程内容，征服自然是受到颂扬的。征服自然是这一时期小学自然教学的主旋律和终极目标。正如当时有学者谈及对该教学大纲的学习体会所指出的那样：“人类生活所需要的一切都是从自然界取得的。但我们不能等待自然的恩赐，我们必须向自然索取。我们研究自然的最终目的，就是为了了解它、利用它、改造它，使它为人类服务。”[③]“我们今天在学校里培养教育儿童，必须用科学基础知识来武装他们，培养他们树立改造自然、征服自然的坚强意志。而这正是我们今天自然教学的首要任务。”[④]

1963年的《全日制小学自然教学大纲（草案）》将小学教学的目的

---

① 杨宝山．基于全面学习苏联课程教材建设模式的历史探究［J］．教育史研究，2009（2）：49-53.

② 文中如无特别注明，引文均来源于：课程教材研究所．20世纪中国中小学课程标准·教学大纲汇编：自然·社会·常识·卫生卷［M］．北京：人民教育出版社，2001.

③ 石修晋．谈谈小学自然教学的任务：学习小学自然教学大纲（草案）的一点体会［J］．湖南教育，1957（7）：16-17.

④ 陈越南．小学自然教学大纲（草案）学习笔记［J］．安徽教育，1957（7）：24.

定位为“指导儿童初步认识自然界和人对自然的利用改造”。在此基础上，1977 年的《全日制十年制学校小学自然常识教学大纲（试行草案）》和 1978 年的《全日制十年制学校小学自然常识教学大纲》同时在教学要求上又进一步指出：“使学生知道整个自然界是由物质构成的，物质又是相互联系和相互制约的，而且在不断变化和发展。人们能够认识它们，利用和改造它们……”而在“各年级的教学内容”部分，教学大纲不仅关注各种自然界事物的特点和习性，而且尤其注重自然界事物用途的教学，如“鸡鸭鹅的形态特点和生活习性特点。它们的用途”“蚕、蜜蜂、螳螂、蜻蜓、小茧蜂的形态特点和生活习性特点。它们对人的益处”。

同时，在该教学大纲中，自然的形象往往是负面的，对人类有害的，需要改造甚至斗争的。如 1963 年的《全日制小学自然教学大纲（草案）》的教学内容部分关于饮用水清洁的内容：“自然界的水是不纯净的。使水清洁的方法……”

因此，虽然这一阶段的教学大纲中也论及“保护自然”，但是从总体上来说，这一阶段的小学自然教学大纲体现的人与自然的关系是人控制自然、与自然做斗争。在课程文本中，人与自然的关系是“我—它”之间的主体与对象、目的与手段的关系。“在我—它关系中，一切与我关联的存在者都是我所经验和我所利用的对象，是满足我的需要、利益、意愿的工具。”① 这种自然观认为：自然没有自身的存在价值，自然的存在就是为了满足人类的需求；没有人，自然的存在毫无意义；自然因为人的存在而体现价值，甚至自然物对人类的存在是有害的，因此人类需要去控制自然、征服自然。

这种“人—自然”观建立在近代以来对人类主体性的张扬和对自然进行祛魅的机械自然观基础上。多尔迈在《主体性的黄昏》中，将这种主体性概括为“以自我为中心的占有性个体主义；以统治自然为目标的人类中心论；不包含交互主体性的单独主体性”。在这种主客二分的自然观中，自然不具有内在价值，“人是大自然中唯一具有主体性和内在价值的存在物，人类在价值意义上处于自然的中心，自然界中的一切事物都

---

① 曹孟勤．人与自然“深层”关系辨析：从深层生态学出发谈人与自然的本真关系［J］．南京师大学报（社会科学版），2005（2）：5-9.

是为满足人类利益需要服务的。这是导致人与自然关系对立的深层决定原因"，"并且为现代性肆意统治和掠夺自然的欲望提供了意识形态性上的理由"①。但是，这种以人为中心的"人—自然"观导致的一个结果是"自然也不再是人的自然，而成为与人对立且支配人的异己存在"②。从20世纪中叶开始显现的日益严重的环境问题，无不与此价值观有关。虽然说这种"人—自然"观主要受到当时人类认识水平的局限，但是不可否认的是这一时期的小学自然教学大纲中的"人—自然"观在某种程度上相较于新中国成立前甚至出现了某种程度上的倒退。1932年的《小学课程标准·自然》的总课程目标中就包括"培养儿童欣赏自然，爱护自然的兴趣和道德"。

通过前面对教科书的分析，我们可以发现，这一时期的小学自然教科书中所呈现的"人—自然"观与同时期的教学大纲基本上一致。

第二节　1977—2000年：利用与保护交织的"人—自然"观

自1977年到2000年，我国教育部先后发布或者修订颁布了六份小学自然教学大纲（表6-2），共出版了四套小学科学教科书。

表6-2　1977—2000年的小学自然教学大纲

年份	课程文件名称
1977	《全日制十年制学校小学自然常识教学大纲（试行草案）》
1978	《全日制十年制学校小学自然常识教学大纲》
1986	《全日制小学自然教学大纲》
1988	《九年制义务教育全日制小学自然教学大纲》
1992	《九年制义务教育全日制小学自然教学大纲》
1994	《〈九年义务教育全日制小学自然教学大纲（试用）〉的调整意见》

① 刘大椿．自然辩证法概论［M］．2版．北京：中国人民大学出版社，2008：109-110．

② 曹孟勤．人是自然界的本质统一：质疑"人是自然的一部分"和"自然是人的一部分"［J］．自然辩证法研究，2006（9）：18-21．

从总体上看，这一时期的小学科学教学大纲所呈现的人与自然的关系是控制自然与保护自然相互交织，既继承了原有课程标准中控制取向的“人—自然”观，又意识到保护自然的重要性。1977 年的《全日制十年制学校小学自然常识教学大纲（试行草案）》的教学内容“自然界里水的循环”包括了“自然界里水的循环”“兴修水利”“战胜水害”三个方面的内容，在这三个方面的内容中，自然状态中的“水”都被认为是有害的、不友好的，需要斗争和战胜的。1986 年的《全日制小学自然教学大纲》将教学目的定位为“指导儿童初步认识自然界，初步了解人类对自然界的探索、利用、改造和保护……”也就是说，该教学大纲不仅要求通过教学活动指导儿童利用和改造自然，而且要求儿童探索和保护自然。同时，“教学要求”中明确指出，要通过教学“指导儿童了解人类探索自然、利用自然、改造自然、保护自然的一些活动，使他们对人与自然的正确关系有一个初步的认识”。教学内容必须“反映人类探索、利用、改造、保护自然的途径和方法，以及取得的成果”。教学内容更加注重对自然界事物的客观认识、探索与保护，而不再仅仅强调自然事物对人的“用途”或“益处”。从人与自然关系的角度来看，这在认识上是巨大的进步。教科书的第二、三、四册都加入了环境保护的内容，第二册注重水污染及其保护，第三册注重水土保持教育，第四册注重空气和土壤的污染及其防止。如第四册的“环境保护”的“知识”部分要求：“1. 空气污染的危害和防止空气污染的方法。2. 肥沃土壤的特点和保护土壤的方法。”在“能力”方面要求“通过考察本地空气污染的情况，培养科学考察能力”。在“思想教育”方面要求“通过学习空气污染和保护土壤的知识，进行保护自然的教育”。

1988 年的《九年制义务教育全日制小学自然教学大纲》、1992 年的《九年制义务教育全日制小学自然教学大纲》和 1994 年发布的《〈九年义务教育全日制小学自然教学大纲（试用）〉的调整意见》在指导思想上同 1986 年的《全日制小学自然教学大纲》基本保持一致，即注重“人类对自然界的利用、保护、改造和探索”。同时，在教学内容上也在高年级保留了与水土保持、珍贵动植物保护相关的内容。如 1988 年的教学大纲中规定的与“人—自然”关系相关的内容包括“水域的污染和保护”“保护生态环境”和“大气的污染和保护”三部分。“水域的污染和保护”的教学内容包括“水域污染的主要原因和一些保护措施”。“保护生态环境”的教学内容包括“保护生态环境的重要性”“植树造林”“保护珍贵的动植物”。“大气的污染和保护”的教学内容包括“大气污染的主要原因和一些保护措施”。我们不难看出，这些保护的对象物都与人的生存或者说利益息息相关，“这种只从人类自身一个物种的利益出发，而不是从整个自然界出发去考虑千万种其他生物及生存环境的观点，事实上是一种生物种族中心主义的延续”。而这种自然观建立在其他物种对人类的有用性上，这正是以往环境保护运动的失败之源[①]。

由此可见，这一阶段的小学自然教学大纲逐渐改变了以往纯粹的人与自然之间的征服、控制、利用的主客体关系，代之以利用与保护交织的新的“人—自然”关系。这种新的“人—自然”关系虽然也注重使儿童利用和改造自然，但更多地渗透了大量保护环境的内容，这无疑是巨大的进步。然而，正如深层生态学所指出的那样，这种环境保护的价值观“是在人类利益基础上证明环境保护的人类意义”[②]。这种保护从本质上讲也是“为人”的，其最终目的也是使人生活得更好，因此从根本上也体现了一种人类中心主义的自然观。

第三节　2001—2019 年：注重人与自然整合的“人—自然”观

进入 21 世纪以来，我国启动了新课程改革，于 2001 年颁布了《全日制义务教育科学课程标准（3~6 年级）》，课程目标从自然科学知识的获得向更加全面的科学素养转变。经过十几年的实践教学之后，我国教育部又组织专家对原有课程标准进行了修订，并于 2017 年公布了新的《义务教育小学科学课程标准》。由于 2000 年之后，教科书的编写被放开试行“一纲多本”，因此出现了多个版本的小学科学教科书。2001—2019 年的小学科学课程标准如表 6-3 所示。

---

① 刘大椿．自然辩证法概论［M］．2 版．北京：中国人民大学出版社，2008：115-116.

② 包庆德，李春娟．从“工具价值”到“内在价值”：自然价值论进展［J］．南京林业大学学报（人文社会科学版），2009（3）：10-20.

表 6-3　2001—2019 年的小学科学课程标准

年份	课程文件名称
2001	《全日制义务教育科学课程标准（3~6 年级）》
2017	《义务教育小学科学课程标准》

新课程改革将原有的小学自然课程调整为小学科学课程，原有的教学大纲也被课程标准代替。原有小学自然课程的主要目标是指导学生初步认识自然，使学生获得基本的自然科学常识，教学大纲则对教学内容做了细致的规定。小学科学课程以培养小学生科学素养为旨归，虽然课程标准对学习内容与学习目标都做出了要求，但课程内容相对灵活，赋予了教材编写者和小学教师更大的自由度和自主权。从人与自然的关系的角度来看，2001 年颁布的《全日制义务教育科学课程标准（3~6 年级）》将“亲近自然、欣赏自然、珍爱生命，积极参与资源和环境的保护”作为课程总目标之一，对待自然的具体内容标准包括“意识到人与自然要和谐相处”“珍爱生命”“能从自然中获得美的体验，并用一定的方式赞美自然美”。2017 年颁布的《义务教育小学科学课程标准》认为，小学科学教学应使小学生“保持和发展对自然的好奇心和探究热情”“了解科学、技术、社会和环境的关系，具有创新意识、保护环境的意识和社会责任感”，而在“科学、技术、社会与环境目标”中注重“人类与自然和谐相处”，包括了解人类与自然环境的相互依存关系，了解人类对自然环境产生的正面和负面的影响，保护环境①。

21 世纪以来，我国颁布的小学科学课程标准已经不再强调利用和改造自然，而是强调亲近自然、欣赏自然，并与自然和谐共生。从本质上看，在新的课程标准中，自然已经不仅仅是人去探索、征服、索取的客观对象物，更是具有自身存在价值、内在价值的客观实在，这就提升了自然的地位，肯定了自然的内在价值。这种自然观注重人与自然的整合性、动态性和协调性，但仍然以人类为主体，并且包括改造自然的内容②。

---

① 中华人民共和国教育部．义务教育　小学科学课程标准［S］．北京：北京师范大学出版社，2017：6，14.

② 郭贵春．自然辩证法概论［M］．北京：高等教育出版社，2013：55.

第四节　新中国小学科学（自然）课程标准（教学大纲）中的“人—自然”观发展特征分析

一、呈现明显的阶段性

通过对我国小学科学（自然）课程标准（教学大纲）的文本分析，我们发现，我国小学科学（自然）课程标准（教学大纲）中的“人—自然”观呈现明显的阶段性特征，这种阶段性特征与政治经济改革或宏观教育改革的阶段性特征并不完全一致，而自有其特点。小学科学（自然）课程标准（教学大纲）中的“人—自然”观甚至在某种程度上滞后于人类对环境问题的认识。从课程知识准入的角度来看，并不是最前沿的知识观点都能够进入课程标准这一官方课程法定文件，只有那些经过时间检验并经过官方认可的知识、理念、思想才能够进入课程标准。

我国小学科学（自然）课程标准（教学大纲）中的“人—自然”观的这种阶段性界限明晰，反映了自然的地位、价值在主流意识形态中的变迁，体现了环境问题在小学科学（自然）课程标准（教学大纲）中从无到有，及其研究逐步深入、丰富、完善的过程。

二、稍滞后于国际环境教育的发展

1962 年，美国科学家蕾切尔·卡森出版《寂静的春天》，环境保护和环境教育事业拉开序幕。1972 年的斯德哥尔摩人类环境会议和 1977 年的第比利斯环境教育会议，使环境教育问题成为全球性的重要议题。由此可见，环境教育出现得相对较晚，环境教育内容进入课程标准和教科书则更是 20 世纪 70 年代以后的事。由于战后东西方冷战的客观原因，新中国成立后相当长的一段时间内，我国教育界与国外尤其是欧洲交流极少，对国际环境问题、环境教育的发展缺乏了解。这导致我国小学自然课的指导性文件——教学大纲在新中国成立后的 30 多年中缺乏环境教育相关的内容，与自然、环境相关的教育内容主要聚焦于利用自然、征服自然，从而为社会主义事业服务。改革开放后，国际环境教育的新理念逐渐被我国教育界所认识并接受，并在小学教学大纲和教学内容中体现出来，这一时期的环境教育内容尚处于探索阶段。自 20 世纪中叶至 21 世纪初，环境哲学、环境伦理学逐步发展完善，学科体系初步形成，环境社会学等与环境有关的学科也在构建中。这些学科理论的发展使人类对环境问题、人与自然关系的理解迈进了一大步，自然的内在价值论、生命物平等、人与自然共生发展等观点已经为学界所认同，并逐步在环境教育内容中体现出来，因此在我国21世纪的小学科学课程标准中体现了人与自然共生的“人—自然”观。

第五节　新中国小学科学课程中自然观变迁的路径依赖

“路径依赖”（Path Dependence）是新制度经济学中解释制度变迁的一个概念，它是指“新的观念一旦在既定的制度框架下得以确立，往往会沿袭既定的路径持续运行，可能进入良性运行的轨道并迅速优化，也可能被锁定在某种无效率的初始状态”[①]。新制度经济学的代表诺斯（North）指出，制度一旦走上某一轨道，它的既定方向会在往后的发展中得到强化，所以“人们过去的选择决定着他们现在可能的选择”[②]。自然观作为小学科学（自然）课程的核心价值观，以一种隐性的“制度”的形式规约着小学科学课程内容的选择与呈现。

一、多重均衡：小学科学课程中自然观变迁中初始路径的构建

1. 初始制度选择的影响

“从制度变迁的角度来看，历史是至关重要的，过去的选择决定了现在可能的发展状态。制度的初始体系一旦形成，往往会沿着既定的路径前进。”[③] 通过考察我们发现，民国时期的小学自然课程不仅注重利用自然，同时也注重呈现欣赏自然、保护自然的观念，如1932年的《小学自然标准》就主张要“培养儿童欣赏自然、爱护自然的兴趣和道德”。新中国成立后，随着我国整个社会体制以苏联模式为参考进行重构，小学自然课程从内容到理念全面学习苏联模式。当时苏联和我国正处于现代化建设的初级阶段，现代化实际上是高扬人的理性和主体性的过程，对自然的态度呈现出极端的工具主义。这一时期，我国的小学自然课程注

---

① 牛风蕊，张紫薇．中国博士后制度演进中的路径依赖及其突破：基于新制度经济学理论的分析视角［J］．高校教育管理，2018（1）：20-26.

② 王兵．理工科大学发展社会科学学科的路径依赖及其超越：一个新制度经济学的视角［J］．学位与研究生教育，2006（8）：35-38.

③ 牛风蕊，张紫薇．中国博士后制度演进中的路径依赖及其突破：基于新制度经济学理论的分析视角［J］．高校教育管理，2018（1）：20-26.

重呈现利用自然、征服自然的人类中心主义自然观。对于小学自然课程的发展来说，这并非小学科学（自然）课程发展过程中必然出现的结果，只是由外部环境骤变引发的突发事件，正如有学者所指出的那样，“我们过分看重政治和社会制度问题，而将苏联的经验捧得过高，甚至于提出‘全心全意’‘系统地’学习苏联教育经验的口号……”①。但这一偶然事件，导致“欣赏自然、保护自然”等观念在我国小学自然课程自然观中消失，人类中心主义的自然观成为指导我国那一阶段小学自然课程的核心意识形态。并且这一偶然事件在今后的几十年中长期制约着我国小学自然课程中自然观的发展路径。

2. 组织内部制度矩阵的形成

根据制度变迁的观点，制度作为社会创造出来的一种公共产品，与制度环境存在着紧密的互动关系，特定的制度与制度体系的耦合程度直接影响着制度变迁的效率②。由于学习效应和协同效应的存在，在小学自然课程设计与实施的过程中，在科学教育学术界、教研员和科学教师群体观念中逐步形成了“利用自然、改造世界”的观念。同时，随着我国小学自然课程体系的建立，相应的配置制度也建立起来，包括小学科学课程标准编制制度、小学教科书编写与审定制度、小学科学教师培训制度及与之衔接的中学理科课程等。这些制度或者观念一旦确立，将会与小学科学课程中的自然观构成制度矩阵，从而制约着小学自然课程自然观变迁的路径与效率。

3. 制度外部效应的形成

小学自然课程中的自然观建立之后，就会对其他类型自然观的进入形成壁垒，同时这种自然观开始在社会受众（学生、家长及教师等）中广泛传播，日益形成相对稳定的人类中心主义的自然观。

二、自我强化：小学科学（自然）课程中自然观变迁中路径依赖的形成

1. 制度的收益递增效应

首先，中华人民共和国成立之初在小学科学（自然）课程设计（包

---

① 楚江亭．真理的终结：科学课程的社会学释义［M］．北京：北京师范大学出版社，2005：194.

② 牛风蕊，张紫薇．中国博士后制度演进中的路径依赖及其突破：基于新制度经济学理论的分析视角［J］．高校教育管理，2018（1）：20-26.

括教学大纲和教科书的编写等）的过程中投入了巨大的人力、物力，并且为了维系小学科学课程体系同样消耗了大量的初始成本和追加成本。小学科学（自然）课程中的自然观是小学科学（自然）课程的重要指导思想，自然观的转变意味着整个小学科学（自然）课程体系、内容设计的转变，这势必使原有投入化为无形。而自然观的转变、课程体系的重构意味着需要展开大量的调研，新体系的设计、完善和宣传，同样需要政府重新投入巨大的初始设置成本。另外，课程核心价值理念的重构，意味着教科书编写者需要投入更多的精力与智慧对教科书内容进行重构，而在教学实践中教师需要投入更多的时间、精力去学习领会教科书的价值理念。就既有的自然观而言，利用自然、征服自然给政府和民众带来了巨大的物质财富和成就感，致使该制度的边际收益效应逐步产生并增加。利益的损耗、成本的提高驱动政府及其他利益相关者没有意愿参与到基于自然观变革的科学课程改革之中。

2. 学习效应

学习效应是行为主体通过学习和掌握制度规则，接受并逐步完善制度的过程。学习效应能够降低制度参与者的参与成本，增加组织利用制度获利的机会。首先，在大众中传播的自然观已经内化为社会的文化或意识形态，从而对后续科学教学大纲或者课程标准的重新设计与编写产生影响。其次，课程标准编制者在进行教学大纲或者课程标准编制的过程中必然要参考已有的课程标准或者相关纲领性文献。最后，小学科学教师在小学科学教学过程中通过阅读教科书及其他课程文件、参加相关教师培训来进一步学习并领会科学课程所传递的自然观。这样，通过学习效应，教学大纲或者课程标准编写者、科学教师就将已有的自然观进行内化，如此便进一步制约着小学科学课程中自然观的变迁。

3. 协调效应

新中国成立以来，我国的课程制度采用中央集权式的管理方式。我国小学科学课程中的自然观代表着主流的意识形态。小学科学（自然）课程中的自然观的肇始与发展始终处于国家和社会主流价值观的指导之下。在将近 70 年的发展过程中，小学科学（自然）课程中蕴含的自然观与其存在的教育体系形成了耦合效应，即小学科学（自然）课程体系已经和与之相配套的制度、观念［包括小学科学（自然）课程内容的选择与组织、教师的教学观念及中学理科课程中的自然观等］相互协调、配合。这些政策或者说观念之间的协调作用及相容性在相当程度上强化了已有自然观存续的基础。

三、制度锁定与制度失效：小学科学（自然）课程中自然观变迁的现实困境

1. 小学科学课程中自然观发展的闭锁

小学科学（自然）课程标准的编制主体，一般包括科学家、科学教育研究专家及小学科学教师，但是很少征求科学技术哲学专家或者自然辩证法研究者的意见，这在一定程度上制约着小学科学（自然）课程中的自然观的发展。与此同时，在小学科学（自然）课程中传递着一种人类中心主义的自然观，其基础和经验均比呈现一种“欣赏自然，承认自然的内在价值，保护自然并与自然和谐共生”的自然观更容易被普通公众接受、认可，从而使“征服自然、利用自然”成为一种长期占据主导地位的意识形态，也导致小学科学（自然）课程中自然观的发展呈现一种闭锁状态。

2. “制度”供给与需求的失衡

制度的供给与需求作为一对矛盾体，决定着制度能否实现变迁和发展。近几十年来，随着环境伦理学、环境哲学等学科的发展，人们对自然观的认识逐步深入，学术界已经认识到原有自然观所存在的不足。同时，随着环境的恶化及解决环境问题需求的日益迫切，人们在环境行动中也亟须新的、与时代发展相符的自然观作为指导。在这种情况下，就出现了自然观供给与需求的失衡，即小学科学（自然）课程所呈现的自然观已经不能满足时代发展需要，从而导致了“制度”失效。因此，小学科学（自然）课程需要突破路径依赖的限制，重塑适应时代需求、反映时代精神的自然观。

第六节　我国小学科学课程中自然观路径依赖的突破

一、加强顶层设计，重构小学科学课程设计团队

以往无论是小学科学课程标准的设计还是小学科学教科书的编写都很少听取科学技术哲学（或自然辩证法）专家的意见，导致长期以来我国小学科学课程中的自然观问题受到忽视。因此，在今后的小学科学课程标准制定和小学科学教科书编写过程中，有必要加强顶层设计，将科

学技术哲学专家囊括到团队中来，为小学科学课程中自然观的呈现提供合理的建议。

二、改革小学科学教师教育课程体系，改善小学科学教师的自然观

我国的小学科学教师职前教育课程体系中，很少包括自然辩证法或者科学技术哲学的课程，即使有也往往以选修课的形式存在。同时，在小学科学教师职后的培训中也几乎没有与科学技术哲学或者自然辩证法相关的内容，导致小学科学教师缺乏对自然观及其重要性的认识。因此，我们需要改革小学科学教师教育课程体系，将自然辩证法（或科学技术哲学）课程作为小学科学教师教育的必修课程或者选择性必修课程，使小学科学教师通过系统的学习，认识人类自然观的历史演进，提升小学科学教师对自然观的认识，从教师的角度助推小学科学课程自然观的完善。

三、重心下移，提升小学科学课程改革的民主化水平

我国以往的课程改革均以自上而下的变革为主。但是相关研究表明，这种自上而下的改革很难唤起一线实践工作者的积极性与主动性，从而使改革常常处于“无效状态”[①]。因此，为了促进小学科学课程自然观的不断完善，需要将课程改革的重心下移，如使环境保护公益组织等的代表参与到课程改革中来，提升小学科学课程改革的民主化水平。改革重心的下移，有助于打破传统的话语体系，减小制度矩阵带来的阻力。

第七节　结语：迈向人与自然内在和谐的深层生态自然观

我国未来的小学科学课程标准中的“人—自然”关系需要迈向人与自然内在和谐的关系。深层生态学主张一种“形而上学的整体主义”，认为人是自然的一部分，人与自然密不可分。“把人与自然环境看作是一个整体，而构成这个整体的内在机制是人的‘自我’与自然地结合，从

① 吴康宁．教育改革成功的基础［J］．教育研究，2012（1）：24-31.

而形成一种生态自我。”[①] 人与自然的关系已经不再是“我—它”的主客观关系，而是“我—你”之间的平等对话关系。“我—你关系是人与世界的直接的、融为一体的关系。在我—你关系中，‘你’不是物，不是对象，不是工具，而是我与你的本真关系。”[②] 在深层生态自然观中，人理解自然，并向自然生成，人与自然真正实现了内在和谐。正如荷尔德林的那句诗：人，诗意地栖居在大地上。

---

① 曹孟勤．人与自然“深层”关系辨析：从深层生态学出发谈人与自然的本真关系［J］．南京师大学报（社会科学版），2005（2）：5-9.

② 曹孟勤．人与自然“深层”关系辨析：从深层生态学出发谈人与自然的本真关系［J］．南京师大学报（社会科学版），2005（2）：5-9.

第七章

域外借鉴：

美国主流小学科学教科书《科学启蒙》中的“人—自然”观及其启示

前面我们对新中国成立后小学科学（自然）教科书中的“人—自然”观进行了分析，并对其发展规律进行了探讨。在本章中，笔者试图对国外小学科学教科书进行分析，以期为我国小学科学教科书的编写提供一些借鉴。笔者选择的教材是美国小学科学教科书《科学启蒙》。

第一节 《科学启蒙》教科书简介

《科学启蒙》教科书的英文版由美国学者 L. H. 丹尼尔等著，由美国麦克米伦公司（Macmillan）出版，被多数美国小学所选用。原书是 16 开精装本。1~6 年级每个年级一本。为便于我国儿童阅读和使用，浙江教育出版社按照原书的三个单元，将全书分成《生命科学》《物质科学》和《地球科学》三个系列①。

通览该教科书，可以发现该教科书具有以下几个方面的特征：

1. 注重科学探究

该教科书的每一章都设置了“科学探究技能”栏目，不同的章节结合所在章节的内容特点注重不同科学探究技能的培养。如《生命科学 6》中的“第 3 章 从细胞到生物体”注重学生模型建构能力的培养，而《物质科学 5》中的“第 5 章 光能”则注重学生预测能力的培养。同时，该教材还单独设置了“探索活动”栏目，并将之渗透到具体章节的内容学习中去。也就是说，该教材既独立设置了科学探究内容，又将科学探究渗透到具体的内容学习中去。

2. 注重科学史的教学

科学史对于科学教育具有重要的价值，这一点已经被学术界所公认，这种价值体现在帮助学生认识科学本质，理解科学与技术、社会的联系等方面。该教科书在许多章节中都单独设置了“科学历史”栏目，如在《物质科学 6》中的“第 1 章 物质的属性和变化”中设计的与科学史相关的主题是“原子模型的演变”，一是可以使学生了解人类对原子的认识过程，二是可以培养学生的模型思维。

---

① 美国小学科学教材全译本——《科学启蒙》丛书简介［EB/OL］.（2020-01-20）［2021-10-18］.https://wenku.baidu.com/view/b2bb4a84b80d6c85ec3a87c24028915f814d840e.html.

3. 注重呈现科学与技术、社会的联系

该教科书单独设置了“科学、技术与社会”这一栏目，使学生认识科学与技术、社会的联系，理解科学本质。如在《物质科学 6》之“第 5 章 功和机械”中设计的内容主题是“怎样才能使汽车更安全?”，这个主题既来源于生活，又富有趣味性和挑战性，同时又与技术、社会紧密联系在一起。

4. 设置了“科学杂志”“科学故事”等栏目

“科学杂志”栏目主要向学生呈现与教科书内容相关的内容，如《物质科学 4》中“第 2 章 物质的变化”设计的主题是“万事万物都在变化之中”，“第 4 章 电和磁”设计的主题是“所有系统都在运行中”。而“科学故事”栏目则是用与科学有关的故事使学生认识科学、学习科学，富有趣味性。如在《地球科学 6》之“第 1 章 地月系”中设计的科学故事内容是“美妙的观星体验”，而在“第 3 章 地壳的运动”中设计的科学故事内容是“重新认识古老的星球”。

5. 注重表现性评价

该教科书在许多章节都设置了表现性评价的内容，如在《地球科学 5》之“第 2 章 空气、水和能量”中为学生设计的表现性评价内容是：说出矿物的名称。需要学生“通过检测矿物的性质来判断它们是由什么组成的”。

6. 注重批判性思维和决策能力的培养

该教科书专门设置了需要学生进行批判性思考才能够解决的问题，如《地球科学 5》中的“第 2 章 空气、水和能量”设计的一个“批判性思考”问题是：将水进行过滤处理，能把水中的所有杂质都除去吗？说明你的理由。你该如何证实你的答案？该教科书设计的一个需要学生做出决策的问题是：在美国东北部，使用太阳能被认为“过于昂贵”了。但是，太阳能是可再生资源。使用太阳能和使用化石燃料相比，你认为哪个更好？它们各有哪些优点和缺点？

7. 注重为学生进一步拓展资源

该教科书为学生设置了大量的“链接”，包括“写作链接”“文学链接”“数学链接”“社会研究链接”“技术链接”，有助于学生进行跨学科学习，建立科学与其他学科间的联系，同时拓宽学生视野。

第二节 《科学启蒙》教科书中的“人—自然”观的内容扫描

笔者首先对《科学启蒙》教科书中与环境教育或者人与自然关系有关的内容进行扫描，发现该教科书中共有 46 处与环境教育相关的内容（表 7-1），从总量上看比较多。

表 7-1 《科学启蒙》中与环境教育有关的内容

序号	册名	内容	页码
1	地球科学 1	我们如何保护自然资源呢？有一个方法就是建立公园。这些熊在公园里很安全	D37
2		工厂、汽车、飞机排放的废气会污染空气。森林大火产生的烟雾也会污染空气	D41
3		废弃物会污染水。废弃物是工厂排放的没有用的东西。被污染的水不能饮用	D42
4		有时候人们将垃圾倒入水中，动物吃了这些垃圾，就会得病死亡	D42
5		垃圾会污染土壤，工厂废弃物也会污染土壤。土壤污染会危害动物、植物。植物和庄稼在被污染的土壤中无法正常生长	D43
6		用废纸生产新纸，这意味着不必砍树就能生产出纸来。这样就能保护森林	D47
7		人们少开车，就能减少空气污染；保持水洁净，就能保护水源；捡起垃圾，就能保护土地	D49
8		从前，美洲有许多野牛，但是人们为了获取食物和皮毛而大量捕杀野牛。许多人只是为了消遣而猎杀它们。1905 年，他（威廉·霍纳迪）倡议成立了美国野牛协会，致力于恢复野牛群	D54–55
9		想出 5 种自然资源。人们是如何利用它们的	D56
10		爱护动物	R2
11		爱护植物	R3

续表

序号	册名	内容	页码
12	地球科学 2	很多时候，人类就是导致生物灭绝的罪魁祸首。人们滥砍森林，在动物的居住地大兴土木，破坏了生物的栖息地。此外，人们还大肆猎杀动物	C47
13	地球科学 3	大多数的污染是人为造成的。人们将化肥和农药等物质带入水中。化肥有助于植物生长，但是它们会深入地下，污染地下水	C42
14		汽车、飞机和工厂都可能将有害气体和其他物质排放到空气中	C43
15		大多数的汽车行驶时都需要使用汽油。然而，总有一天化石燃料会消耗殆尽，况且燃烧化石燃料还会污染空气。汽车可以用电来行驶	C47
16	地球科学 4	……臭氧层的破坏对人类和动植物的健康构成了威胁，它还可能以人们无法预料的方式改变气候。科学家现在正在研究氟氯烃的替代品	D74
17		人类的某些活动，如大量砍伐森林，燃烧煤、石油和天然气，会使大气中的二氧化碳大大增加，随着二氧化碳含量的增加，我们的地球会变得更加温暖	D88
18	地球科学 5	如果燃烧化石燃料产生的大量废物未经处理被排入大气中，大气污染就会变得越来越重	C64
19		什么是摧毁森林、杀死水中的动植物，甚至腐蚀建筑物的罪魁祸首呢？答案是那些燃烧煤炭来产生能量的发电厂，以及那些使用石油燃料的各种机动车辆	C65
20		洁净煤技术的广泛使用，降低了那些导致酸雨产生的有害气体的排放量	C66
21		不仅要保护我们的饮用水的安全，还要保护鱼类和其他生活在湖泊和河流中的动植物的安全	C68
22		如果我们随意向大海丢弃垃圾和倾倒各种化学品，我们就是在污染海洋。同样，人类的许多行为也在直接或间接地污染淡水	C76
23		非点源污染的防治	C80-81

续表

序号	册名	内容	页码
24	地球科学 5	来自工厂和家庭的各种污水、固体废弃物，来自农田的化肥、农药及其他垃圾被排入或丢进河流，最后都流进海洋中。在大海航行的轮船也向海洋排放污水，甚至还可能会漏油。海上石油钻井开采石油和天然气也会对海洋环境产生不利影响	C94
25		……汽车、工厂排出的废气在阳光的作用下，也会发生复杂的化学反应进而产生烟雾。烟雾可致人生病	C101
26	物质科学 4	处理废弃物：减少使用、再使用和循环使用	E10
27		垃圾的燃烧、填埋和减少垃圾数量	E24
28	生命科学 2	保护水、保护空气、保护土地……	B46-49
29	生命科学 3	每分钟都有大片的热带雨林遭到破坏。目前，全球一半以上的热带雨林已经消失……	B34
30		人类活动也会对生物的栖息地造成严重的破坏……污染也会伤害生物，动物还遭到了人类的大肆捕杀。人们正在寻找各种方法来保护濒危的生物	B64
31		在过去的 500 年中，仅美国一个国家，就已有 500 种生物灭绝了。如果我们不加以保护，你了解的许多濒危动物，都可能会灭绝	B66
32	生命科学 4	人类对物种的灭绝也负有重要的责任。例如……现在许多国家和地区都已经颁布了相关法律来保护一些濒危物种	A34
33		夏威夷魔湖小学启动了“和谐”的计划，以保护濒危物种	A36
34		人类通过建立野生动物保护区来保护珍稀动物	A43
35		人类活动会造成水污染、空气污染和土壤污染	A58-59
36		人类的捕杀、水里的垃圾、渔网及轮船等导致海牛濒临灭绝，研究人员正在通过科学方法保护它们	B12
37		由于人们对美国西部的开发导致加州秃鹰濒临灭绝，科学家通过各种方法保护它们	B13
38		许多动物都能帮助人类，比如经过训练的狗、猴子等……	B36

续表

序号	册名	内容	页码
39	生命科学 5	赤潮藻会毒死鱼或污染鱼，鱼种群会变小，人吃了就会得病	B30
40		……由于栖息地被破坏及被射杀，白头海雕数量急剧减少，并且受到 DDT 积累的影响，濒临灭绝。人们采取一些保护措施，海雕种群有了明显变化	B36
41		人类对环境的影响最为深刻。随着人口数量的持续增长，危害环境的行为也越来越多，包括城市扩张和污染。污染包括空气、水和垃圾污染	B38-39
42		采矿会导致水和空气污染，生物会受到伤害	B40
43		……人类捕鲸导致大量鲸遭到捕杀濒临灭绝，现在许多国家已经减少或者禁止捕鲸	B74
44	生命科学 6	随着世界各地的生物栖息地遭受越来越严重的人为破坏或改变，许多动植物面临灭绝的危险	A33
45		由于人类对栖息地的破坏，至少有 25 种灵长类动物已濒临灭绝	A60
46		多年来，农民依靠 DDT 这样的毒药来消灭偷吃庄稼的害虫。幸运的是，我们已经认识到这些化学物质对环境非常有害。因此，农民与生物学家合作，开发并应用了一些替代品，如病虫害综合防治技术	A75

第三节 《科学启蒙》教科书中的“人—自然”观分析

笔者选择运用内容分析法对《科学启蒙》中的“人—自然”观进行分析。其框架是希腊学者 Rea Lemoni 等于 2011 年开发的教科书自然观分析框架。该框架经检验，具有比较好的效度。

首先，我们对教材中与自然观有关的内容进行扫描与统计，发现共有 46 处与自然观有关的内容，之后笔者将这些内容分别归类到不同的二级维度（表 7-2）。

表 7-2 《科学启蒙》中的自然观分维度统计

一级维度	二级维度	统计	备注
1. 对自然的隐喻	1.1 生态平衡隐喻	0	
	1.2 动态生态隐喻	43	
	1.3 生态网络隐喻	3	
	1.4 生命竞争隐喻	0	
2. 对自然的描述	2.1 友好型自然	1	
	2.2 危险型自然	0	
	2.3 中性的自然	45	
3. 自然的类型	3.1 自然环境	25	教科书中部分内容既包括了自然环境，也包括了人工环境
	3.2 人工环境	34	
4. 自然的价值	4.1 内在价值	22	教科书中部分内容既包括了自然的内在价值，也包括资源价值
	4.2 资源价值	34	
5. “人—自然”的关系	5.1 人控制自然的关系	30	教科书中部分内容既包含了人控制自然的关系，也包含了人保护自然的关系
	5.2 人保护自然的关系	20	
	5.3 相互依赖的关系	5	
	5.4 自然控制人的关系	0	

（1）对自然的隐喻

教科书所呈现的相关内容中，有 43 处呈现的是动态生态的自然观，有 3 处呈现的是生态网络的自然观，生态平衡隐喻和生命竞争隐喻则没有得到呈现。

如《生命科学 3》中的“人类活动也会对生物的栖息地造成严重的破坏……污染也会伤害生物，动物还遭到了人类的大肆捕杀。人们正在寻找各种方法来保护濒危的生物”“在过去的 500 年中，仅美国一个国家，就已有 500 种生物灭绝了。如果我们不加以保护，你了解的许多濒危动物，都可能会灭绝”，以及《生命科学 5》中的“人类对环境的影响最为深刻。随着人口数量的持续增长，危害环境的行为也越来越多，包括城市扩张和污染。污染包括空气、水和垃圾污染”均呈现了动态生态的自然观。

《地球科学 4》中的“人类的某些活动，如大量砍伐森林，燃烧煤、石油和天然气，会使大气中的二氧化碳大大增加，随着二氧化碳含量的增加，我们的地球会变得更加温暖”及《生命科学 5》中的“在当时，由于 DDT 等杀虫剂的广泛使用和筑巢树木遭过度砍伐等原因，白头海雕面临严重威胁。小动物在吞食了喷洒在植物上的杀虫剂之后，又被鸟类吃掉。成年鹰的体内积累了大量的 DDT。DDT 的毒性直接危害到了鸟类和鸟蛋。白头海雕的蛋壳变薄，以至于这些卵常被它们未离巢的父母挤碎”都呈现了生态网络的自然观。

（2）对自然的描述

教科书对自然的描述中，有 45 处呈现的是中性的自然，有 1 处呈现的是友好型自然。

如《生命科学 3》中的“每分钟都有大片的热带雨林遭到破坏。目前，全球一半以上的热带雨林已经消失”，《地球科学 5》中的“来自工厂和家庭的各种污水、固体废弃物，来自农田的化肥、农药及其他垃圾被排入或丢进河流，最后都流进海洋中。在大海航行的轮船也向海洋排放污水，甚至还可能会漏油。海上石油钻井开采石油和天然气也会对海洋环境产生不利影响”，以及《生命科学 6》中的“多年来，农民依靠 DDT 这样的毒药来消灭偷吃庄稼的害虫。幸运的是，我们已经认识到这些化学物质对环境非常有害。因此，农民与生物学家合作，开发并应用了一些替代品，如病虫害综合防治技术”都呈现了中性的自然。

图 7-1 狗能帮助人类

《生命科学 4》中指出，“许多动物都能帮助人类（图 7-1），比如经过训练的狗、猴子等。在人的一生中，疾病、伤心或是忧郁常常让人感到无助。当人遇到麻烦时，动物兴许就能帮上忙！”“经过特殊训练的狗可以帮助盲人。这些狗都会配上一个带有把手的挽具，盲人只需要抓住把手，就能安全地到达想去的地方。”同时，教科书指出，“人们饲养的动物当中，有许多可以为我们提供食物、衣服或其他产品。母牛、绵羊和山羊能产奶，供人们饮用或制成奶酪”。这些都呈现了友好型自然。

（3）自然的类型

教科书中，有25处呈现了自然环境，有34处呈现了人工环境。

如《地球科学4》中的“臭氧层的破坏对人类和动植物的健康构成了威胁，它还可能以人们无法预料的方式改变气候。科学家现在正在研究氟氯烃的替代品”，《生命科学5》中的“几个世纪过去了，人类捕鲸的次数在逐步增加，并且搜寻即杀死这些温顺的哺乳动物的技术在提高。到了1850年，仅美国一年就捕杀了近10000头鲸”都呈现的是自然环境。

《地球科学1》中的“我们如何保护自然资源呢？有一个方法就是建立公园。这些熊在公园里很安全”，《地球科学3》中的“大多数的污染是人为造成的。人们将化肥和农药等物质带入水中。化肥有助于植物生长，但是它们会深入地下，污染地下水”，以及《地球科学5》中的“什么是摧毁森林、杀死水中的动植物，甚至腐蚀建筑物的罪魁祸首呢？答案是那些燃烧煤炭来产生能量的发电厂，以及那些使用石油燃料的各种机动车辆”都呈现的是人工自然。

（4）自然的价值

教科书所呈现的自然价值中，有22处呈现了自然的内在价值，有34处呈现的是自然的资源价值。

如《生命科学3》中的“在哪里，你能找到小得可以放在手掌心的猴子呢？在哪里，你可以找到像鸟一样飞翔的青蛙或像椅子般大的花朵呢？这些宝贝都生活在全球的热带雨林中。湿润而温暖的热带雨林是许多生物的家园”，以及《生命科学5》中的“由于栖息地被破坏及被射杀，白头海雕数量急剧减少，并且受到DDT积累的影响，濒临灭绝。人们采取一些保护措施，海雕种群有了明显变化”都呈现了自然的内在价值。

《地球科学1》中的“从前，美洲有许多野牛，但是人们为了获取食物和皮毛而大量捕杀野牛。许多人只是为了消遣而猎杀它们。1905 年，他（威廉·霍纳迪）倡议成立了美国野牛协会，致力于恢复野牛群”，以及《生命科学 2》中的“我们可以通过植树来保护土地。树叶能释放出氧气，供我们呼吸。树根可以固定土壤，以免土壤被风刮走或者被水冲走”都呈现了自然的资源价值。

（5）“人—自然”的关系

教科书所呈现的“人—自然”的关系中，有 30 处呈现了“人控制自然的关系”，有 20 处呈现了“人保护自然的关系”，有 5 处呈现了“人与自然相互依赖的关系”，“自然控制人的关系”则没有出现。

《地球科学 2》中的“很多时候，人类就是导致生物灭绝的罪魁祸首。人们滥砍森林，在动物的居住地大兴土木，破坏了生物的栖息地。此外，人们还大肆猎杀动物”，《地球科学 3》中的“大多数的污染是人为造成的。人们将化肥和农药等物质带入水中。化肥有助于植物生长，但是它们会深入地下，污染地下水”，以及《地球科学 5》中的“来自工厂和家庭的各种污水、固体废弃物，来自农田的化肥、农药及其他垃圾被排入或丢进河流，最后都流进海洋中。在大海航行的轮船也向海洋排放污水，甚至还可能会漏油。海上石油钻井开采石油和天然气也会对海洋环境产生不利影响”都呈现了人控制自然的自然观。

《地球科学 1》中的“我们如何保护自然资源呢？有一个方法就是建立公园。这些熊在公园里很安全”“人们少开车，就能减少空气污染；保持水洁净，就能保护水源；捡起垃圾，就能保护土地”，以及《物质科学 4》中提出的处理废弃物的三种方法“减少利用”“再使用”和“循环使用”，都呈现了人保护自然的自然观。

《地球科学 4》中的“证据显示，一种叫做氟氯烃的气体能破坏臭氧层。这种气体广泛应用于空调、喷雾器和冰箱中……臭氧层的破坏对人类和动植物的健康构成了威胁，它还可能以人们无法预料的方式改变气候”，以及《地球科学 5》中的“烟雾是烟和雾的混合物，会严重污染大气。汽车、工厂排出的废气在阳光的作用下，也会发生复杂的化学反应进而产生烟雾，烟雾可致人生病”都呈现了人与自然相互依赖的关系。

第四节　研究结论与启示

一、研究结论

综上，《科学启蒙》教科书呈现的是深层生态的自然观。第一，该教科书呈现了人类活动对自然造成的污染与破坏。第二，该教科书虽然呈现了人类对自然的利用，但是更多呈现的是客观与否定的态度，而不是赞成与支持。第三，该教科书呈现了人与自然之间的相互依赖，同时呈现了自然界的事物对人类的帮助，而不是人类对自然界的利用。第四，该教科书呈现的不仅仅是自然的资源价值，更看重自然的内在价值。

二、启示

（1）大自然不是人类的敌人，而是人类的朋友。在之前的课程标准和教科书中，我们曾经把大自然看作敌人、危险的存在，认为自然是需要战胜的。近年来我们的课标或教科书中转变了这些观念。我们更加需要树立“自然是人类的朋友”的观念，只有如此，人类才能够尊重自然、保护自然。

（2）人类从自然中获取资源并非理所当然的，需要心存感恩。人是自然的一部分，而不是自然的主人。因此，大自然并不是人类理所当然地获取资源的存在，我们需要热爱大自然，对大自然心存感恩，正如《科学启蒙》之《生命科学 3》中的标题“热带雨林万岁”。

（3）教科书中需要增加更多与环境教育或者“人—自然”关系相关的内容。通过对《科学启蒙》相关内容的统计，可以发现，该教科书呈现了大量与环境教育相关的内容，这是我们的理科教科书编写和修订值得借鉴的。一是内容多。二是自然地嵌入不同的知识内容之中，不突兀。三是自然地呈现相关内容，而不是口号或者政策文件。

第八章

研究结论与未来展望

第一节　研究结论

通过对新中国成立以来小学科学（自然）课程标准（教学大纲）与教科书中“人—自然”观的分析，以及对国外小学科学教科书的比较借鉴，我们可以得到以下几个方面的结论。

一、明确了人与自然的关系是环境教育的基石

环境问题表现为环境污染与环境破坏，说到底是自然观的问题，也就是人与自然关系的问题。人类把自然看作予取予求的客体，倡导对自然的征服和掠夺，必然导致人与自然关系的恶化和环境的破坏。也就是说，环境问题说到底是人与自然的关系问题。同时，环境教育也同样如此，以往的环境教育更多地为学生呈现环境破坏的形态、程度，并号召学生保护自然，所保护的自然也往往仅是对人类有益的“自然”，而不是整个自然。实际上，这既没有从根本上认识到环境问题的实质，也不能从根本上改变环境日益恶化的趋势。

在已有研究的基础上，本研究明确提出，人与自然的关系是环境教育的基石，因此应当对环境课程中所呈现的“人—自然”观进行历史省察，这种省察不仅有助于我们发现环境课程的发展脉络，而且有助于我们把握未来环境课程的发展脉络。同时，历史的省察也能够帮助我们认识不同历史时期人们对待自然的态度及人的精神状态，而这种精神状态又能够深层次地体现时代的特征。

二、小学科学（自然）教科书中的“人—自然”观呈现明显的阶段性与连续性

对不同历史时期小学科学（自然）教科书中“人—自然”观的研究表明，小学科学（自然）教科书中“人—自然”观呈现出明显的阶段性，并且这种阶段性有其独特性，即：我国小学科学（自然）教科书中的“人—自然”观的发展主要经历了三个阶段。在第一个阶段，也就是从新中国成立伊始的1949年到改革开放后的1985年，我国小学自然教科书呈现的主要是人控制自然的“人—自然”观。在第二个阶段，也就是从1986年颁布的《全日制小学自然教学大纲》到21世纪新课程启动

之前，我国小学自然教科书呈现的是控制与保护交织的“人—自然”观。在第三阶段，即从 2001 年颁布《全日制义务教育科学课程标准（3~6年级）》启动新课程改革到 2017 年颁布最新的《义务教育小学科学课程标准》，我国小学科学课程教科书主要呈现的是注重人与自然的整体性的“人—自然”观。

同时，我国小学科学（自然）教科书中“人—自然”观又呈现明显的连续性，即不同历史时期的小学（自然）科学教科书所呈现的人与自然关系的话语，具有一定的重叠性，这种重叠性反映了人们对人与自然关系认识的渐变性。

三、小学科学（自然）教科书中的“人—自然”观反映了时代特征和人的生存状态

根据知识社会学理论，课程知识（或思想）不会凭空出现，社会是课程知识（或思想）发生与发展的基础。小学科学（自然）教科书中的“人—自然”观反映了时代特征和人的生存状态。如从新中国成立开始的很长一段时间，由于经济条件相对落后和帝国主义的封锁，我们只能靠自力更生谋求发展，并且由于当时工业并不是很发达，环境污染并不严重，因此征服自然和利用自然就成为新中国成立后几十年的时代特征和人的生存方式。而在 1985 年之后，随着工业的发展，环境问题日益突出，但与此同时国际环境教育理念得到普及，利用自然与保护自然并重就成为应有之义。2000 年之后，随着保护环境新理念的普及、人民经济生活水平的提高及环境问题的日益恶化，保护环境、注重人与自然的整体性就成为新时代的特征。但是，不同历史时期的政治经济情况是如何影响小学科学（自然）教科书中的“人—自然”观的，这仍然是有待深挖的重要课题。

四、小学科学（自然）教科书中的“人—自然”观与课标标准（教学大纲）基本一致

通过文本分析可以发现，不同历史时期的小学科学（自然）课程标准（教学大纲）与小学科学（自然）教科书中“人—自然”观基本是一致的，这种一致性均呈现出明显阶段性、时代性和发展性。一方面，新中国成立后很长一段时间，我国小学自然教科书都是一纲一本，均是在

教学大纲的指导下由人民教育出版社编写而成，反映了主流的意识形态和课程理念。另一方面，虽然2000年之后，我国小学科学（自然）教科书实行一纲多本，但是环境保护的思想得到普及，因此小学科学（自然）教科书与课程标准也保持了基本的一致性。

五、小学科学（自然）教科书中的“人—自然”观的发展呈现明显的路径依赖

我国小学科学（自然）课程中的“人—自然”观作为国家小学科学（自然）课程的核心价值取向，虽然其发展呈现一定的阶段性，但从政策角度来看仍呈现出明显的路径依赖。正如道格拉斯·诺斯所指出的那样，“一旦选定某种制度，就会在惯性的作用下使得这一制度得到强化而不会轻易改变”。从新中国成立到1985年的30多年间，我国小学自然教学大纲始终将征服自然、使自然为人类服务作为核心指导思想。虽然之后十余年的自然教学大纲逐步体现环境保护的思想，但也主要是从人类自身利益出发，也就是说其核心指向仍然是利用自然。虽然2000年之后的小学科学课程以生态自然观作为主要指导思想，但是深入分析仍然能够发现“利用自然”的蛛丝马迹。

六、现行小学科学教科书中的“人—自然”话语仍需要完善

对现行小学科学课标和教科书中“人—自然”话语的分析表明，现行的小学科学教科书在一定程度上仍然呈现为浅层生态主义的自然观。具体表现为，利用自然仍然占有很大一部分比重，缺乏对环境内在价值的论述，对环境美德也没有给予足够关注。对教科书中环境问题的责任主体缺乏足够的探讨。环境保护措施不够全面系统。对环境问题中蕴含的社会不平等并没有给予关注。而这些不仅和环境问题的起源、环境问题的解决及环境所引发的社会问题有关，而且具有重要的教育意义。

七、环境美德教育与环境正义教育是未来环境教育研究的生长点

环境问题是社会问题、全球问题，同时也是个体人的问题，是关乎每一个个体的环境美德的问题。环境美德关注的是，保护环境的人具有什么样的美德？那些破坏环境的人，在德行方面存在哪些不足？这是深层次的伦理道德问题。虽然近年来学界对此多有探讨，并且部分关于环

境教育的教科书也有一定关注，但是在环境教育中进行环境美德教育仍然任重道远。

同时，环境问题并非对每一个个体、社群和国家都是公平的、平等的，诸多环境问题对于发展中国家、政治经济弱势群体是不利的。同时，并非所有人都破坏环境，一部分人破坏环境并在其中获益，另一部分人则在环境破坏中遭受损失，这种损失包括身体上的损失、经济上的损失和生活环境上的损失。即环境问题也涉及环境正义问题。因此，环境美德教育与环境正义教育就是未来环境教育的生长点，值得进一步研究。

八、环境教育与人的主体性的生成值得关注

通过对文献的梳理，我们发现，环境问题实际上在某种程度上可以说是由人的主体性的过度张扬造成的。也就是说，片面的主体性或者不合适的现代主体性是造成环境问题的根源。在这种情况下，应当培育具备何种主体性的现代人就成为教育尤其是环境教育值得探讨的问题。环境教育与人的主体性培育之间的内在关联问题尚未得到学界关注。因此，我们认为，这是一个后续值得关注与探讨的重要课题。

第二节　未来展望：指向环境正义与环境美德教育研究

一、环境正义的提出与环境正义教育

(一) 环境正义概述

环境问题不仅和科学技术的发展有关，从内在的角度来说，更多地和人的观念有关，也就是和人类对人与自然关系的认识、看法有关，因为观念制约甚至决定了人们的行动。因此，人与自然关系的问题是环境问题的核心问题，同时也是环境保护和环境教育的关键所在。同时，环境问题不仅是一个观念问题，同时也是一个社会问题。其实环境伦理学之前已经发现，生态问题表现为环境污染和生态环境的破坏，它反映的是人类与自然关系的不和谐，而这种生态危机实质上是人类生存方式的危机，它反映了人与自然之间物质关系的失衡，同时也反映了人与人之间社会关系的失调[①]。正如有教科书所指出的那样，“由于人民的实践总

① 张斌　环境正义：缘由、目标与实质［J］. 广东社会科学，2013（4）：69-76.

是表现为社会实践，因此维护人与自然的和谐关系，还涉及人与人、个人与群体的利益和价值关系的调整”①。

虽然人类社会总体上已经步入了民主社会，但是当今社会依然存在根深蒂固的特权等级与支配操纵的生产结构，其中一部分人享有特权并支配另一部分人，与之相应和的是支配包括自然界在内的一切思维定式和生活方式②。尤其是在一些资本主义国家，尽管这种支配与操纵更加隐蔽。在某种程度上可以说，环境正义问题是社会正义问题在环境问题领域的延伸。

同时，进入20世纪90年代之后，环境伦理所遇到的困境——缺乏对现实生活的细致关注——也是环境正义理论提出的重要基础。传统的环境伦理学主要关注保护生态环境，而忽视了环境问题对人类社会的差别性影响，即缺乏对环境问题中弱势群体及其环境权益的关注③。

环境问题背后所涉及的社会问题逐渐被学术界所关注，环境正义问题逐渐凸显，即：环境问题对不同的群体和个体是不同的，即涉及“对谁有利，对谁不利”等问题，如发达国家将垃圾运送到发展中国家处理，发达国家与发展中国家在环境问题治理中的权责问题，乡村与城市中的环境问题，不同阶层在环境问题中的立场、利益等问题。这些问题本质上都属于社会层面的问题。所谓环境正义，是指人类社会在处理环境保护问题时，各群体、区域、族群、民族、国家之间应承诺的权利与义务的公平对等④。

环境正义理念是对如何规范环境主体的环境行为的理性认识和价值判断⑤。环境正义是指人类不分国籍、种族、文化、性别、经济状况或社会地位，都同等地享有安全、健康及可持续性环境的权利，而且任何人都无权破坏或妨碍这种环境权利⑥。从涉及的范围来看，环境正义包括国内环境正义、国际环境正义和代际环境正义。根据环境正义的性质，

---

① 朱翔，等．普通高中地理课程标准实验教科书：环境保护［M］．长沙：湖南教育出版社，2004：16.

② 张斌．环境正义：缘由、目标与实质［J］．广东社会科学，2013（4）：69-76.

③ 王韬洋．“环境正义”：当代环境伦理发展的现实趋势［J］．浙江学刊，2002（5）：173-176.

④ 王韬洋．“环境正义运动”及其对当代环境伦理的影响［J］．求索，2003（5）：160-162.

⑤ 刘湘溶，张斌．环境正义的三重属性［J］．天津社会科学，2008（2）：30-33.

⑥ 李淑文．环境正义理论的梳理与探讨［J］．生产力研究，2013（3）：7-9，42.

环境正义可以分为程序正义、地理正义和社会正义。程序正义指的是公平问题。地理正义指的是在有色人种和穷人社区选择危险废物处置场所的问题。社会正义是关于社会要素，诸如种族、民族、阶级、政治权力怎样影响和反映到环境决策上的问题①。环境正义的实质是如何在人与人之间分配自然资源和分摊环境责任，即环境权利与环境义务的对应问题②。

（二）风险社会、社会性科学议题与环境正义教育

进入21世纪以来，培养负责任的合格公民就成为科学教育的核心目标与议题。而社会性科学议题无疑是一个很好的载体。

英国著名社会学家吉登斯认为，现代性内在就是全球化的，全球化是现代性在全球范围内的拓展，“现代性的全球化倾向，既是客观的，也是主观的，它们在地方和全球两极所发生的变迁的复杂辩证法中，把个人同大规模的系统联结起来”。在吉登斯看来，现代性包含四项制度维度：资本主义、监督、军事力量和工业主义。现代性的制度特征向全球范围拓展的结果即形成了全球化的四个维度，即世界资本主义体系、民族国家体系、世界军事秩序和工业的发展。国际劳动分工包含世界上高度工业化地区与低度工业化地区的分化。而工业主义的全球运作必然在生态方面造成明显的或潜在的负面影响③。工业主义建基于近代以来科学技术的大发展，这样，就形成了“科学技术—工业主义—生态恶化”的内在逻辑。负面的生态影响最终需要人类从多个方面做出回应。但是，我们应当看到，吉登斯所指称的现代性的四个维度只是社会学意义上的表象，而非哲学意义上的本质。

从更深层的意义上说，现代性包括“抛弃传统、指向未来”的时间意识、“线性、有序”历史意识、实现人类自由与解放的筹划方案与历史实践，以及其最终诉诸的工具理性权威等④。其核心观念包括创造、解放与启蒙等。一方面，现代性的核心观念是现代二元对立思维的基础；另一方面，这些核心观念的最终依据是现代性所确立的“主体性”观

① 李淑文．环境正义理论的梳理与探讨［J］．生产力研究，2013（3）：7-9，42.

② 李淑文．环境正义理论的梳理与探讨［J］．生产力研究，2013（3）：7-9，42.

③ 安东尼·吉登斯．现代性的后果［M］．田禾，译．南京：译林出版社，2000：52，61-66.

④ 郭春明，孙庆斌．论现代性与主体性的深层关联：基于实践哲学视角的现代性批判［J］．黑龙江社会科学，2016（2）：13-19.

念。也就是说，唯以主体性原则为基础，现代性才能找到自身的阿基米德点[①]。人的主体性确立的过程，是一个主—客逐渐分化的过程，也是工具理性和价值理性分离的过程。主体是高级的、主动的，富于思维和控制能力，而客体则是低级的、被动的、无智慧的、受控制的。因此，人是大自然中唯一具有主体性和内在价值的存在物，人类在价值意义上，处于自然的中心。自然界中的一切事物都是为满足人类利益服务的。这为人类肆意统治和掠夺自然提供了意识形态的依据。因此，现代性的征程体现着作为“主体”的人类运用自身的工具理性对作为“客体”的自然的单极征服逻辑。多尔迈在《主体性的黄昏》中将这种现代主体性概括为：以自我为中心的占有性个体主义，以统治自然为目标的人类中心论，不包含交互主体性的单独主体论。人的这种主体性的过分张扬造成了人与自然关系的对立，造成了自然的反噬，产生了严重的反主体效应[②]。同时，主体性的过度张扬又导致了人与人之间关系的紧张及一部分人统治、压迫另一部分人，因为他人与自然一样在“我”眼中都是客体。这就造成了主体性的异化，阻碍人类社会的发展。现代性在全球扩张的结果就是使人类进入风险社会，风险社会中的风险具有全球性、人为性、社会性、不确定性和广泛联系性等特征。为了应对由风险社会带来的风险，环境问题、转基因问题、核武器问题等逐渐成为科学教育领域的重要议题。

风险社会的后果之一是全球范围内的环境问题及其背后的社会正义问题。环境问题包括环境污染和环境恶化，而如何应对环境问题则成为全人类各个领域（包括政治、经济和教育等）都需要考虑的重要主题。由环境问题引发的社会正义问题包括不同国家、区域、种群和阶层之间的不平等。国家间的不平等主要是发达国家将废弃物运往发展中国家，如有新闻报道称[③]：从 1995 年到 2016 年的 20 年间，中国的年垃圾进口量翻了十倍，从 450 万吨增长到 4500 万吨，垃圾已经成为一项大宗交易品。在全国各地，都开设有专门的洋垃圾回收机构和

---

① 郭春明，孙庆斌．论现代性与主体性的深层关联：基于实践哲学视角的现代性批判［J］．黑龙江社会科学，2016（2）：13-19.

② 刘大椿．自然辩证法概论［M］．2 版．北京：中国人民大学出版社，2008：124.

③ 洋垃圾究竟是怎么来到中国的？看完就全明白了［EB/OL］．（2018-04-03）［2018-08-06］．http：//www.sohu.com/a/227205760_177747.

场地，为西方人民改善生存环境做出了“卓越贡献”。根据商业咨询机构 China Briefing 的数据，2016 年，美国废纸出口中，有 2/3 以上直接送到了中国，总价值超过 22 亿美元。欧盟 27 国同样依赖中国接收废弃物，把 87%的再生塑料直接或间接地运往中国。而根据英国《卫报》的统计，英国每年有 270 万吨废塑料流向中国，占到该国塑料垃圾产量的 2/3。在庞大的利益链条之下，唯有环境和环境污染中的中国百姓在哭泣。洋垃圾当中隐藏的致命因子会对环境和附近人员造成严重伤害。

这些洋垃圾虽然为我们的工业生产提供了廉价的原料，同时垃圾分类、处理过程解决了一部分劳动力的就业问题和生活问题，但是它带给我国自然与社会环境、人民身体健康的风险难以估量。同时，这些洋垃圾往往被运送到农村地区、城市边缘地区或者小城镇分拣、处理，而非大城市，在这一过程中同样导致了区域间的环境不平等问题，对农村、城镇边缘弱势群体的生活环境质量造成了极大的伤害。

风险社会的另一个后果是现代科技的滥用。正如哈贝马斯所指出的那样，科学技术已经成为新的意识形态，支配着我们的思想与生活。科技的滥用同样带来了诸多问题。如杀虫剂虽然有助于农业增产，但是由于杀虫剂在食物链中的累积效应，同样给人类的生命健康带来了巨大的风险。而科技的发展同样带来了一些诸如核污染、核战争等风险及克隆、转基因等具有社会争议的科技问题。如 2011 年 3 月 11 日日本福岛由于受到地震影响，核电站发生核泄漏，15895 遇难、2539 人失踪、73349 人依然避难，即使在 7 年之后：257 吨核燃料堆芯熔化、约 100 万吨污染水仍难以处理。核事故给福岛带来了更深伤害，让原本物产丰饶、环境优美之地变得令人生畏，至今依然有大片土地被划为“禁区”[①]。

环境与环境正义问题、科技发展及科技应用导致的社会问题构成了社会性科学议题的主体，成为当今国际科学教育领域的重要主题与教学形式。社会性科学议题是指由当代科学技术研究开发所引发的一系列与

① 新华社．特稿：福岛核事故 7 周年：难以抹去的阴影［EB/OL］.（2018-03-11）［2018-08-05］. https://baijiahao.baidu.com/s? id=1594632277215301408&wfr=spider&for=pc.

社会伦理道德观念和经济发展密切相关的社会性问题①。社会性科学议题具有以下特征：

（1）全球性。社会性科学议题涉及诸多具有争议性的全球性问题，如全球变暖、环境污染、转基因、能源利用等。PISA 中的科学测试就将大量科学问题设定于全球化的情境中，包括“生物多样性”“人口控制”“大气变化”等，表明这些议题已经不再是仅仅涉及某些群体或者某些地区的局部问题，而是突破了空间甚至是时间的限制，成为在全球范围内普遍存在、亟待治理的重要问题。也就是说，这些议题关涉全世界所有民众的利益。因而，这些议题受到了普遍的关注，关注的主体已经从普通公众、公益组织拓展到政府机关、国际组织等。

（2）实践性。首先，社会性科学议题是对社会现实问题的回应。随着科学技术的发展，其社会性与伦理性逐渐显现，如由科学技术引发的全球变暖、臭氧空洞等都成为全球性的社会问题，而不仅仅是科学问题。社会性科学议题将这些问题引入科学教育，是对这些社会现实问题的回应。其次，社会性科学议题的教学需要突破传统的教学方式，由于社会性科学议题与社会生活实践密切相关，横跨政治、经济、社会、文化、伦理道德、生态保护等诸多学科，其教学方式也往往涉及社会调查、讨论和争论等，具有极强的实践性。

社会性科学议题课程是环境正义教育的重要载体与实现路径，而基于论证的教学则是进行环境正义教育的重要教学方式。在课堂上，教师可以组织学生就环境问题中的一些问题展开讨论，如“垃圾填埋场一般建在哪里？对谁有利？对谁不利？谁在其中掌握话语权?”“水污染是如何造成的？谁在其中获利了？哪些人群的利益（生命、财产等）会受到损害?”在我国的小学科学和中学理科教育中，基于社会性科学议题的教学已经展开，但还远远不够，同时在环境教育中课程与教师对环境正义教育还缺乏足够的关注。

但是，环境正义教育课程如何设计，环境正义教育如何展开，这些都是有待探讨的重要课题。

---

① 孟献华，李广洲．国外“社会性科学议题”课程及其研究综述［J］．比较教育研究，2010（11）：31-36.

二、环境美德与环境美德教育

（一）关于环境美德伦理

环境问题不仅是一个观念问题、法律问题，同时也是一个道德问题，那么一个具有良好环境素养的个体应当具备什么样的环境美德？这成为国内最近十年学术界关注的重要课题。自从国外学者提出“什么人破坏了环境”这一问题，环境伦理学的核心问题就从“行动出了什么问题”转向了“人在道德上出了什么问题”①。或者说，环境美德伦理倾向于关注“是什么样的人倾向于破坏自然环境”或者“拥有什么样品德的人是环境友好型的”。环境美德伦理是“寻求那些有助于在一个健康的生态共同体中促使人类生活繁荣的态度、品格特征、行为习惯、实践和政策”。也就是说，环境美德伦理是从人与自然关系的层面重新审视伦理道德问题，重新定义人，重新开拓包含自然环境在内的人类美德②。

有学者将环境美德伦理概括为：（1）将经济生活置于恰当的位置——也就是说人类舒适的和美好的生活不是无止境地获得和消费；（2）既倚重科学，又要正确评价科学的有限性；（3）持非人类中心主义的观点；（4）对荒野的欣赏和支持荒野保护；（5）应具有的基本信念：好的生活既包括人类，也包括非人类在内③。

（二）关于环境美德教育

有学者指出，需要培育人们审慎的或者环保的实践智慧，并且认为，野外生存体验是培养具有政治性的、团结的、谦逊的、开放包容的、尊重自然或者与自然界建立友谊的美德的最佳途径。而有些学者则认为环境美德教育要与人所处的当地的自然、社会、文化生活环境相适应④。也就是说环境美德教育应当是基于在地的（place-based）环境教育。

关于环境美德教育，实际上相关教科书早就指出，“人类除了要用法律法规的条文来约束自身的行为以外，还要唤醒自身的‘道德良知’，用道德来规范自己的行为”。同时还指出了环境道德的主要内

① 董玲．正确行动与环境美德伦理学［J］．科学技术哲学研究，2019（5）：112-117.
② 姚晓娜．西方环境美德伦理研究述评［J］．哲学动态，2010（9）：48-53.
③ 姚晓娜．西方环境美德伦理研究述评［J］．哲学动态，2010（9）：48-53.
④ 姚晓娜．西方环境美德伦理研究述评［J］．哲学动态，2010（9）：48-53.

容①（表 8-1）。

表 8-1　环境道德的主要内容②

内容	行为举例
节约资源，减少污染	不随地吐痰、不随地乱扔乱倒废弃物，节约用水、用电、用纸，慎用清洁剂，禁止露天烧烤，利用可再生能源，做“公交族”“自行车英雄”，用电子贺卡替代纸质贺卡
绿色消费，环保选购	认购“环保标志”产品，用无氟制品、无磷洗衣粉、环保电池，选绿色包装，购买绿色食品
重复使用，多次利用	少用一次性制品，少用塑料袋，自备餐盒，少用一次性筷子
分类回收，循环再生	回收废塑料、废电池、废纸、生物垃圾，再生绿色肥料和各种废弃物，战胜垃圾公害
保护自然，万物共存	拒食野生动物，拒用野生动物制品，不狩猎和饲养野生动物，制止偷猎和买卖野生动物的行为，做动物的朋友，善待生命，不买珍稀木材用具，植树造林，不践踏草坪，不攀折花草，随手铲拾宠物粪便

关于环境美德教育，还有诸多问题有待探讨：一是在不同层次的环境教育中需要培养哪些环境美德；二是如何设计、开发环境美德教育的课程与素材；三是如何在实践中展开环境美德教育。这些都是有待深入探讨并回应的问题。

① 人民教育出版社课程教材研究所地理课程教材研究开发中心．普通高中课程标准实验教科书　地理　选修 6　环境保护　教师教学用书［M］．北京：人民教育出版社，2007：84.

② 人民教育出版社课程教材研究所地理课程教材研究开发中心．普通高中课程标准实验教科书　地理　选修 6　环境保护　教师教学用书［M］．北京：人民教育出版社，2007：84.

参考文献

一、中文文献

(一) 期刊

［1］石修晋．谈谈小学自然教学的任务：学习小学自然教学大纲（草案）的一点体会［J］．湖南教育，1957（7）：16-17.

［2］陈越南．小学自然教学大纲（草案）学习笔记［J］．安徽教育，1957（7）：24.

［3］郇庆治．从传统自然观到环境哲学：马克思恩格斯自然观的现代意义［J］．山东大学学报（哲学社会科学版），1995（2）：34-40.

［4］肖玲．从人工自然观到生态自然观［J］．南京社会科学，1997（12）：22-26.

［5］史万兵．环境教育的基础理论研究［J］．教育研究，1998（4）：54-59.

［6］赵玲，黄冬梅．可持续性发展与现代生态自然观［J］．吉林地质，1998（1）：52-55.

［7］刘惊铎，王磊．生态德育及其跨世纪意义［J］．教育评论，1998（5）：36-37.

［8］蒋一之．“人—自然”观：环境教育的伦理学基础［J］．杭州教育学院学报，1999（5）：90-94.

［9］雷毅．20世纪生态运动理论：从浅层走向深层［J］．国外社会科学，1999（6）：26-31.

［10］刘济良．论后现代主义与生态德育［J］．河南大学学报（社会科学版），2000（6）：113-116.

［11］马书春．人类自然观的演变［J］．聊城师范学院学报（哲学社会科学版），2000（6）：78-79.

［12］王建军．人类自然价值观的演变轨迹［J］．社会科学研究，2000（3）：70-74.

［13］王国聘．哲学从文化向生态世界的历史转向：罗尔斯顿对自然观的一种后现代诠释［J］．南京社会科学，2000（10）：17-21.

［14］叶国洪．环境伦理与环境教育［J］．清华大学教育研究，2001（1）：38-43.

［15］朱立祥．中学环境教育中的自然观教育［J］．环境教育，2001（3）：16-17.

［16］朱晓华．关于人与自然关系的再认识：对自组织自然观、可持续发展观与环境伦理观及其关系的探讨与剖析［J］．科学技术与辩证法，2001（2）：6-9，17.

［17］赵玲．自然观内涵新解［J］．哲学动态，2001（3）：18-20，39.

［18］周笑冰．环境教育的核心理念及目标［J］．北京师范大学学报（人文社会科学版），2002（3）：118-122.

［19］朱晓华．生态德育：我国地理教育德育目标的价值取向［J］．中学地理教学参考，2002（6）：9-11.

［20］王韬洋．“环境正义”：当代环境伦理发展的现实趋势［J］．浙江学刊，2002（5）：173-176.

［21］钱俊生，彭定友．生态价值观的哲学意蕴［J］．自然辩证法研究，2002（10）：13-15，29.

［22］李久生，谢志仁．论环境教育理念建构及其实践［J］．教育科学，2002（3）：10-13.

［23］王燕津．“环境教育”概念演进的探寻与透析［J］．比较教育研究，2003（1）：18-22.

［24］王韬洋．有差异的主体与不一样的环境“想象”：“环境正义”视角中的环境伦理命题分析［J］．哲学研究，2003（3）：27-34，96.

［25］曹孟勤．超越人类中心主义和非人类中心主义［J］．学术月

刊，2003（6）：19-24，132.

［26］刘惊铎，权利霞．生态德育的理论架构［J］．中国地质大学学报（社会科学版），2003（2）：49-52.

［27］舒福才．生态德育论［J］．广西社会科学，2003（2）：157-159.

［28］李建珊，胡军．价值的泛化与自然价值的提升：对罗尔斯顿自然价值论的辨析［J］．自然辩证法通讯，2003（6）：13-19，109.

［29］吕艳，王续琨．环境教育的难题及其解决对策［J］．教育科学，2004（5）：43-46.

［30］杨冠政．环境伦理：环境教育的终极目标［J］．环境教育，2004（3）：12-15.

［31］李久生，谢志仁．论环境教育三维体系［J］．教育科学，2004（5）：38-42.

［32］张德昭，徐小钦．重建人和自然界的价值论地位：霍尔姆斯·罗尔斯顿的自然价值范畴［J］．自然辩证法研究，2004（3）：14-18.

［33］徐春．生态文明与价值观转向［J］．自然辩证法研究，2004（4）：101-104.

［34］陆真，杨静．美国环境教育理念与中学化学教材编写［J］．课程·教材·教法，2004（1）：86-90.

［35］陈伟华．人与自然关系的新视角：生态女性主义的自然观［J］．科学技术与辩证法，2004（5）：32-34.

［36］张俊青，刘小红．当代中国生态德育述评［J］．煤炭高等教育，2005（4）：27-30.

［37］武丕才，冯宏岩．论可持续发展的德育观：生态德育［J］．沈阳师范大学学报（社会科学版），2005（4）：148-150.

［38］周苏娥．试论生态危机与生态德育［J］．内蒙古师范大学学报（教育科学版），2005（6）：49-51.

［39］周谷平，孙朝阳．哲学视野中的生态德育［J］．当代教育论坛，2005（13）：11-14.

［40］周谷平，朱绍英．生态德育与环境教育之关系探析［J］．教育发展研究，2005（2）：96-98.

［41］黄锡生，张菱芷．中国环境教育现状及对策探析［J］．重庆大

学学报（社会科学版），2005（4）：134-137.

［42］曹孟勤．从对立走向统一：生态伦理学发展趋势研究［J］．伦理学研究，2005（6）：78-83.

［43］曹孟勤．人与自然“深层”关系辨析：从深层生态学出发谈人与自然的本真关系［J］．南京师大学报（社会科学版），2005（2）：5-9.

［44］范俊军．生态语言学研究述评［J］．外语教学与研究，2005（2）：110-115.

［45］林世选．人与自然的和谐是社会进步的基础［J］．自然辩证法研究，2005（10）：65-67.

［46］赵媛媛，李建珊．人类与自然关系的多角度解说：生态女性主义思潮评析［J］．自然辩证法研究，2006（6）：20-23，51.

［47］吴兴华，吴先伍．文明与自然：论现代性境域中的生态危机［J］．自然辩证法研究，2006（1）：21-25.

［48］曹孟勤．人是与自然界的本质统一：质疑“人是自然的一部分”和“自然是人的一部分”［J］．自然辩证法研究，2006（9）：18-21.

［49］曹孟勤．自然界是对象性的人：对人与自然之间伦理关系的再思考［J］．南京师大学报（社会科学版），2006（1）：22-26.

［50］刘会强．人与自然关系的重塑与发展观的范式变革：基于可持续发展理论先驱的分析［J］．南京社会科学，2006（1）：7-11.

［51］李倩．论生态自然观与可持续发展［J］．中华女子学院山东分院学报，2006（1）：85-87.

［52］张春梅．生态德育：21世纪学校德育的新课题［J］．教育探索，2006（10）：103-105.

［53］曹孟勤．自然界：人类反观自照的中介：自然界价值新探［J］．江海学刊，2006（4）：49-54，238.

［54］王凤珍．重建类本位的环境人类中心主义生态伦理学［J］．自然辩证法研究，2006（10）：14-17，41.

［55］戴和圣．生态德育的内容［J］．中国德育，2006（7）：93.

［56］王民，蔚东英，霍志玲．论环境教育与可持续发展［J］．北京师范大学学报（社会科学版），2006（3）：131-136.

［57］王兵．理工科大学发展人文社会学科的路径依赖及其超越：一

个新制度经济学的视角［J］. 学位与研究生教育，2006（8）：35-38.

［58］周谷平，陈骋. 新课程改革视野中的学校生态德育［J］. 课程·教材·教法，2006（12）：29-31.

［59］王晋军. 生态语言学：语言学研究的新视域［J］. 天津外国语学院学报，2007（1）：53-57.

［60］崔建霞. 环境教育：由来、内容与目的［J］. 山东大学学报（哲学社会科学版），2007（4）：147-153.

［61］刘伟，张万红. 从"环境教育"到"生态教育"的演进［J］. 煤炭高等教育，2007（6）：11-13.

［62］李吉霞，张翠萍. 国外环境教育特点及其对中国的启示［J］. 继续教育研究，2007（1）：81-83.

［63］田青，云雅茹，殷培红. 中国环境教育研究的历史与未来趋势分析［J］. 中国人口·资源与环境，2007（1）：130-134.

［64］李桂华. 生态德育：全新的道德教育观［J］. 鄂州大学学报，2007（4）：75-77.

［65］闫守轩. 环境教育：涵义、缘起与演进［J］. 宁波大学学报（教育科学版），2008（2）：16-20.

［66］贾军，张芳喜，沈娟. 生态自然观与当代全球性生态危机反思［J］. 系统科学学报，2008（1）：78-81.

［67］刘洁. 环境保护的又一视角：生态语言学对环境恶化的解释［J］. 湖北广播电视大学学报，2008（12）：99.

［68］万长松. 走出人类中心与非中心主义之争的困境［J］. 科学技术与辩证法，2008（2）：1-5，111.

［69］高德胜. 找回失落的人性：论环境教育的转向［J］. 高等教育研究，2008（2）：1-6.

［70］王伟群. 人与自然和谐发展观视野下科学课程的审视［J］. 课程·教材·教法，2008（4）：71-75.

［71］王耘. 论浅层生态哲学的话语体系［J］. 兰州学刊，2008（5）：186-190.

［72］闫敏辉. 加强教育过程中生态德育的渗透［J］. 当代教育论坛（学科教育研究），2008（9）：47-48.

［73］曹孟勤，窦佳卉. 人与人关系对人与自然关系的殖民化［J］.

南京林业大学学报（人文社会科学版），2008（3）：96-102.

［74］杨宝山．基于全面学习苏联课程教材建设模式的历史探究［J］．教育史研究，2009（2）：49-53.

［75］包庆德，李春娟．从“工具价值”到“内在价值”：自然价值论进展［J］．南京林业大学学报（人文社会科学版），2009（3）：10-20.

［76］印卫东．环境教育的新理念：从“卢卡斯模式”谈起［J］．教育研究与实验，2009（4）：19-22.

［77］李春青，李佩霞．生态德育理论研究概览［J］．重庆科技学院学报（社会科学版），2009（9）：40-41.

［78］阮碧辉．生态文化视野下高校生态德育探究［J］．学校党建与思想教育，2009（20）：46-48.

［79］曹孟勤．自然即人　人即自然：人与自然在何种意义上是一个整体［J］．伦理学研究，2010（1）：63-68.

［80］张书磊．国外环境教育对我国开展生态德育的启示［J］．思想理论教育，2010（16）：32-34.

［81］王熙．批判性话语分析对教育研究的意义［J］．教育研究，2010（2）：41-46.

［82］冯永刚，董海霞．环境教育：英国道德教育的重要途径［J］．外国教育研究，2010（3）：79-84.

［83］季海菊．生态德育的理论研究与发展现状［J］．南京社会科学，2010（6）：150-155.

［84］赵红梅．罗尔斯顿自然价值观的特色［J］．国外社会科学，2010（5）：54-58.

［85］邱柏生．试论思想政治教育生态研究的方法论意义：兼论生态德育研究的方法论指向［J］．思想教育研究，2011（8）：3-7.

［86］何跃，苗英振，弓婧绚．走进人类中心主义还是走出人类中心主义：基于对生态学马克思主义与建设性后现代主义自然观的比较分析［J］．自然辩证法研究，2011，27（6）：116-121.

［87］张洪春．面向自然的人之道德理性：生态德育的核心命题及其向度［J］．云南民族大学学报（哲学社会科学版），2012，29（3）：145-150.

［88］季海菊．生态德育：国外的发展走向与中国的未来趋势［J］．

南京社会科学，2012（3）：130-136.

［89］张洪春．生态德育：一种生态伦理学的实践形态［J］．社会科学家，2012（10）：28-31.

［90］冯元，俞海宝．我国特殊教育政策变迁的历史演进与路径依赖：基于历史制度主义分析范式［J］．教育学报，2017（3）：92-101.

［91］季海菊．论高校生态德育的价值向度［J］．南京社会科学，2013（3）：120-125.

［92］王忠祥，谢世诚．中国环境教育四十年发展历程考察［J］．广西社会科学，2013（10）：184-189.

［93］刘婷．我国生态德育研究述评［J］．中国德育，2014（17）：14-18.

［94］程倩春．敬畏自然：论生态文明的自然观基础［J］．自然辩证法研究，2014，30（3）：83-88.

［95］曹孟勤．人在自然面前角色的合理定位：从顺从者、征服者向看护者角色的转换［J］．鄱阳湖学刊，2014（2）：5-12.

［96］冯文全，孙良英．我国近十年生态德育发展研究综述［J］．当代教育论坛，2014（3）：19-23.

［97］郁乐，孙道进．试论自然观与自然的价值问题［J］．自然辩证法研究，2014，30（9）：110-115.

［98］王晓芳，黄丽锷．中小学教师如何理解“教师科研”：话语、身份与权力［J］．教育学报，2015，11（2）：43-53.

［99］萧玲．生态自然观：环境伦理学的哲学基础［J］．安徽大学学报（哲学社会科学版），2015，39（2）：26-31.

［100］徐梦秋，李永根．调整人与自然关系之规范的合理性及其判定［J］．自然辩证法通讯，2015，37（2）：131-136.

［101］曹孟勤，冷开振．人在自然面前的正当性身份研究［J］．自然辩证法研究，2015，31（12）：87-92.

［102］李培超．环境伦理学视阈下的自然价值叙事［J］．伦理学研究，2015（5）：103-111.

［103］卢风．环境教育的三个层面［J］．环境教育，2016（5）：21-23.

［104］孙亚君．道德主体何以可能：生命中心论的人与自然的平衡

[J]. 自然辩证法研究，2016，32（8）：57-62.

[105] 段发明. 小学科学教科书伦理理念的发展逻辑 [J]. 湖南师范大学社会科学学报，2017（2）：48-56.

[106] 曹孟勤. 论自由的生态本质 [J]. 伦理学研究，2017（1）：48-53.

[107] 左崇良，游其胜. 教师编制政策的制度变迁和路径依赖 [J]. 教育学术月刊，2017（1）：51-58.

[108] 何伟，魏榕. 国际生态话语之及物性分析模式构建 [J]. 现代外语，2017，40（5）：597-607，729.

[109] 朱国芬. 高校生态德育模式建构刍议 [J]. 江苏高教，2017（9）：68-71.

[110] 宋晔，牛宇帆. 人性复归新思路：生态德育——基于生态伦理的德育思考 [J]. 教育发展研究，2017，37（2）：69-75.

[111] 黄国文，赵蕊华. 生态话语分析的缘起、目标、原则与方法 [J]. 现代外语，2017，40（5）：585-596，729.

[112] 何伟，张瑞杰. 生态话语分析模式构建 [J]. 中国外语，2017，14（5）：56-64.

[113] 何伟，魏榕. 多元和谐，交互共生：国际生态话语分析之生态哲学观建构 [J]. 外语学刊，2018（6）：28-35.

[114] 李蕙岚，孙道进，李勇强. 自然价值论的分殊与超越 [J]. 自然辩证法研究，2018，34（4）：124-127.

[115] 肖楠楠. 非人类中心论作为生态德育价值观的合理性分析 [J]. 教育理论与实践，2018，38（4）：44-47.

[116] 肖楠楠. 找回失落的德性：生态德育的价值观转向 [J]. 教育科学研究，2018（5）：63-66.

[117] 郭桂周，易璇子，黄晓庆. 我国中学物理教科书中环境教育内容的文本分析：以人教版初中物理教科书为例 [J]. 课程教学研究，2018（8）：34-38.

[118] 牛风蕊，张紫薇. 中国博士后制度演进中的路径依赖及其突破：基于新制度经济学理论的分析视角 [J]. 高等教育管理，2018（1）：20-26.

[119] 郭桂周，易娜伊，周云. 我国中学物理教科书中科学家形象

建构的实证研究：以人教版初中物理教科书为例［J］. 教育导刊，2018（10）：52-57.

［120］郭桂周，易娜伊，赵忠平．警惕新自由主义的幽灵：美国STEM 教育政策价值取向的批判话语分析［J］. 外国中小学教育，2018（12）：1-8.

［121］刘承宇，李淑晶．生态话语分析的伦理标准：兼论人类中心主义的是与非［J］. 中国外语，2019（5）：51-58.

［122］徐磊，曹孟勤．论和谐共生本体论建构：理论与实践的合理复归［J］. 自然辩证法研究，2019，35（2）：125-129.

［123］孙永春．生态话语多维度多层面分析模式建构［J］. 山东外语教学，2019，40（1）：33-43.

［124］易娜伊，郭桂周，王盈莉．新中国小学科学课程自然观的历史变迁及其路径依赖：基于新制度经济学理论的视角［J］. 上海教育科研，2019（5）：10-15.

［125］吴红，杜严勇．“敬畏自然”大讨论的回顾与反思［J］. 科学与社会，2020（4）：75-84.

［126］雷蕾，苗兴伟．生态话语分析中的生态哲学观研究［J］. 外语学刊，2020（3）：120-123.

［127］赵蕊华．生态语言学视角下中国不同时期生态建设对比研究：以 2001 年和 2018 年《中国日报》生态文章为例［J］. 山东外语教学，2020，41（1）：33-45.

（二）图书

［1］王冬桦．人类与环境：环境教育概论［M］. 上海：上海教育出版社，1999.

［2］中华人民共和国教育部．全日制义务教育 科学课程标准（3~6 年级）（实验稿）［M］. 北京：北京师范大学出版社，2001.

［3］田青．中小学环境教育概论［M］. 北京：华夏出版社，2001.

［4］教育部基础教育司．全日制义务教育科学（3~6 年级）课程标准解读（实验稿）［M］. 武汉：湖北教育出版社，2002.

［5］徐辉，祝怀新．国际环境教育的理论与实践［M］. 北京：人民教育出版社，2003.

［6］朱翔，刘新民．普通高中地理课程标准实验教科书　环境保护

（选修 VI）［M］. 北京：人民教育出版社，2004.

［7］韩立新．环境价值论［M］. 昆明：云南人民出版社，2005.

［8］祝怀新．环境教育的理论与实践［M］. 北京：中国环境科学出版社，2005.

［9］人民教育出版社，课程教材研究所，地理课程教材研究开发中心．普通高中课程标准实验教科书：地理（选修 6 环境保护）［M］. 北京：人民教育出版社，2007.

［10］约翰·汉尼根．环境社会学［M］. 洪大用，等译．北京：中国人民大学出版社，2009.

［11］蔡守秋．人与自然关系中的伦理与法［M］. 长沙：湖南大学出版社，2009.

［12］陈喜乐．自然辩证法教程［M］. 厦门：厦门大学出版社，2009.

［13］崔凤，唐国建．环境社会学［M］. 北京：北京师范大学出版社，2010.

［14］余谋昌．环境哲学：生态文明的理论基础［M］. 北京：中国环境科学出版社，2010.

［15］课程教材研究所．新中国中小学教材建设史（1949—2000）研究丛书：自然·社会卷［M］. 北京：人民教育出版社，2011.

［16］李永峰，潘欣语，张永娟．环境伦理学教程［M］. 哈尔滨：哈尔滨工业大学出版社，2011.

［17］杨冠政．环境伦理学概论［M］. 北京：清华大学出版社，2013.

［18］吴国林．自然辩证法概论［M］. 北京：清华大学出版社，2014.

［19］窦卫霖，等．教育公平的话语分析［M］. 南京：江苏凤凰教育出版社，2014.

［20］刘少杰．国外社会学理论［M］. 北京：高等教育出版社，2006.

［21］周国文．西方生态伦理学［M］. 北京：中国林业出版社，2017.

［22］中华人民共和国教育部．义务教育 小学科学课程标准［M］.

北京：北京师范大学出版社，2017.

［23］刘大椿．自然辩证法概论［M］. 2版. 北京：中国人民大学出版社，2008.

（三）学位论文

［1］李艳坤．初中化学教科书中环境教育内容编制的对比分析研究［D］. 沈阳：沈阳师范大学，2009.

［2］杨舒宁．小学科学教科书中环境教育内容编制的分析［D］. 沈阳：沈阳师范大学，2011.

二、外文文献

[1] Martin P, Thomas G. Interpersonal Relationships As A Metaphor For Human-Nature Relationships [J]. Journal of Outdoor and Environmental Education,2000,5(1):39-46.

[2] Korfiatis K J, Stamou A G, Paraskevopoulos S. Images of Nature in Greek Primary School Textbooks[J].Science Education,2004,88(1):72-89.

[3] Caravita S, Valente A, Luzi D, et al. Construction and Validation of Textbook Analysis Grids for Ecology and Environmental Education[J].Science Education International,2008,19(2):97-116.

[4] Chambers J M. Human/Nature Discourse in Environmental Science Education Resources[J].Canadian Journal of Environmental Education,2008,13(1):107-121.

[5] Lemoni R, Stamou A G, Stamou G P. "Romantic","Classic" and "Baroque" Views of Nature:An Analysis of Pictures About the Environment in Greek Primary School Textbooks—Diachronic Considerations[J].Research in Science Education,2011,41(5):811-832.

[6] Almeida A, Vasconcelos C. Teachers' Perspectives on the Human-Nature Relationship:Implications for Environmental Education[J].Research in Science Education,2013,43(1):299-316.

[7] Sharma A, Buxton C A. Human-Nature Relationships in School Science:A Critical Discourse Analysis of a Middle-Grade Science Textbook[J]. Science Education,2015,99(2):260-281.

[8] Rodriguez C C. Which values regarding nature and other species are

we promoting in the Australian science curriculum? [J]. Cultural Studies of Science Education, 2016, 11(4): 999-1021.

[9] Gugssa M A, Aasetre J, Debele M L. Views of "nature", the "environment" and the "human-nature" relationships in Ethiopian primary school textbooks[J]. International Research in Geographical and Environmental Education, 2020(3): 1-16.